# ダニエル・カーネマン
# 心理と経済を語る

監訳 友野典男
訳 山内あゆ子

楽工社

# 監訳者解説

友野典男

本書は、ダニエル・カーネマンの、ノーベル賞受賞記念講演（第1章）、ノーベル賞受賞時に発表された自伝（第2章）、カーネマンの行動経済学に関する論文のうち、一般読者にも分かりやすいもの二本（第3、4章）を訳出して一冊の本として編集したものである。

なぜ本書を編んだのか。今、行動経済学が流行しつつあり、多くの本が出版されている。しかし行動経済学の創設者の一人であるカーネマンは（彼の共同研究者であり、行動経済学の立役者の一人でもあるエイモス・トヴェルスキーもそうであるが）、一般向けの書物を著《あら》わしておらず、名前が知られている割には、彼の主張や論文の実際の内容について知る機会は少ないと思われるからである。それとももう一つ、「行動経済学」＝「人間の非合理性」という誤った理解が蔓延《まんえん》しているように見え、専門家を自認する人の本にさえ、そう断定してしまう間違った記述が見られるという状況がある。本書は、カーネマンの著作を通じてそのような誤解を解き、行動経済学をさらに正しく深く理解してほしいという意図のもとに企画された。

ご存じのようにカーネマンは二〇〇二年に、アルフレッド・ノーベル記念スウェーデン国立銀行経済学賞（ノーベル経済学賞）を受賞した。カーネマンに対する授賞の理由は、「心理学研究の洞察、特に不確実性下の人間の判断と意思決定に関する研究を、経済学に統合したこと」であり、行動経済学の基礎を固めたという点が評価されたのである。同時受賞したのが、当時ジョージ・メイソン大学（現チャップマン大学）教授のヴァーノン・K・スミスであった。スミスの受賞理由は、「実証経済分析のツールとして実験室実験を確立したこと、特に代替《だいたい》的な市場メカニズムの研究」であった。スミスの受賞理由ともなった経済学の実験的方法は行動経済学にも大きな影響を及ぼしているから、同年のノーベル経済学賞は、行動経済学の研究者には強力な追い風となったのであり、この後行動経済学の研究はアメリカだけでなく、ヨーロッパや日本においても急速に展開されていくことになる。

余談になるが、カーネマンは、ノーベル「経済学」賞を受賞したが、自伝中で述べているように、経済学の授業を一度も受けたことがない。おそらく正式の経済学教育を受けていない初めてのノーベル経済学賞受賞者ではないだろうか。また彼は、ノーベル経済学賞は毎年二〜三人貰《もら》うが、全米心理学会賞は年一人だから、そちらの方が貰うのは難しいという感想も述べている。

カーネマンが自伝中で繰り返し述べているように、トヴェルスキーとの偶然の出会い、そして長年に渡る共同研究がなければ、カーネマンの現在のような研究もあり得なかったであろう。トヴェルスキーは一九九六年に病気で死去したが、生きていればノーベル経済学賞を共同受賞したのは間違いない。またそうであれば、カーネマンの受賞の喜びもさらに深くなっていたであろう。

ちなみに、心理学者でノーベル経済学賞受賞者はカーネマンが最初ではなく、三〇年も前の一九七八年に、当時カーネギー・メロン大学でまさに学際的研究に邁進《まいしん》していた心理学者のハーバート・H・サイモン（二〇〇一年没）が受賞している。現在の行動経済学でしばしば使われる言葉である「限定合理性」という概念を編み出したのが、サイモンである。しかしサイモンの業績は経済学界で言及されることは少なく、長い間忘れられたも同然であった。それを復活させ再び光を当てたのもカーネマンの功績であるということができる。

カーネマンの行動経済学関連の業績をまとめれば、大きく三つになる。

一番目は、「ヒューリスティクとバイアス」研究である。本書第1章で詳しく述べられているように、人が判断をするときには、ヒューリスティクスという直感的判断を多用する。ヒューリスティクスは簡便であって素早く結論を出すことができるが、バイアスや間違いを生む原因にもなることを、カーネマンはさまざまな実験で明らかにした。

二番目は、「プロスペクト理論」に関連するものである。第1章のノーベル賞記念講演で詳しく述べられており、第2章の自伝でも触れられている。人の判断は知覚に似ており、変化には敏感に反応するが、同じ状態が続くと反応しない。経済学で言えば、効用（満足度）は最終的な富の状態によって感じられるのではなく、参照点といわれる何らかの基準との違いやそこからの変化に対して感じられるのである。つまり、基準に比べてより良くなったとかより悪くなったということが効用（満足度）をもたらす。これが行動経済学の意思決定理論であるプロスペクト理論の出発点である。

三番目は、「効用概念の再検討と幸福」である。これらは第3章と第4章で論じられる。幸福とか人生の満足ということは、哲学や倫理学のテーマになることは多いが、経済学では長い間忘れられていた話題である。この問題に光を当てることができるのが、幸福と生活上の満足というテーマであり、これは現在カーネマンが最も精力的に取り組んでいるテーマである。

このようにカーネマンの仕事は、行動経済学のほぼ全領域をカバーする幅広いものであるが、行動経済学の主要テーマに含まれる「社会的選好《せんこう》（人は自分自身の利益だけでなく、他者の利益にも配慮して意思決定を行なうという性質）」と「時間選好（人は、現在を重視して、将来を軽く見るという性質）」に関してはほとんど著作を発表していない。単なる憶測《おくそく》に留《とど》まるが、たまたまそれらに関する論文を書くことがなかっただけであって、これらを軽視しているというわけではないことは、「自伝」からも窺《うかが》える。

カーネマンの自伝（本書第2章）には、共同研究者あるいは論文の共著者として行動経済学の錚々《そうそう》たる人物の名前が挙がっている。シカゴ大学教授のリチャード・セイラーはカーネマンやトヴェルスキーと共に行動経済学者の創始者として名前が挙げられる立役者である。セイラーは、自伝中にはやんちゃながら洞察に溢れた若い研究者として描かれており、本書第3章の共著者でもある。セイラーは、イギリスのキャメロン政権の政策策定にも影響を及ぼしている。また、カーネマンの論文の共著者として名前が挙がっているシカゴ大学教授キャス・サンスティーンは、憲法が専門の気鋭の法律学者・法哲学者であり、行動経済学の法律への適用を目指す「法と行動経済学」という分野のパイオニアの一人である。現在はハーバード大学ロースクール教授に転じ、また政府の要職も兼務しており、オバマ政権の政策決定に少なからぬ影響力を持つ人物である。行動経済学の考え方が英米の政策当局から強く支持されていて、活用されつつあるのがわかる。

行動経済学の価値は、政策に応用されて有意義な結果をもたらしたときに初めてわかると言われることがあるが、その意味で、これからが行動経済学の真価が問われるときである。その出発点であるカーネマンの著作の一端を紹介することに本書の意義がある。

各章の内容について簡単に紹介しておこう。

第1章「限定合理性の地図」はノーベル賞受賞講演である。この講演内容をさらに詳細にした論文が、同名で『アメリカン・エコノミック・レビュー』誌に掲載されている。本章の内容はノーベル賞の受賞理由となったトヴェルスキーとの共同研究、つまり不確実な状況で人がどのようにして判断し決定をするのかについて扱ったものであり、具体的な実験例を交えて、簡潔に説明している。内容は少し高度に見えるが、図表を多用してわかりやすくなるように工夫されている。

内容は、意思決定を研究するための出発点となったアイディア、つまり視覚を主とする知覚と判断の類似性に着目した研究方法の紹介である。錯視《さくし》（目の錯覚）という現象についてはご存知の方も多いだろう。パッと見て長さを判断すると、実は同じ長さであるのに、長さが違うように見えるというようなものである。判断も直感的に行なうとこれと同様な「認知的錯覚」に陥ることが多いのである。人は何かを判断する時に、絶対値ではなく比較あるいは変化で判断する。経済学の用語で言えば、効用は「富《とみ》」の絶対量ではなく、参照点からの移動や変化で決定されるというプロスペクト理論の中心的考え方が、知覚の例を交えて語られる。

第2章「自伝」は、ノーベル賞を受賞した際に発表されたもので、カーネマンが自身の生い立ちや学問的関心の展開、そしてトヴェルスキーとの出会いから共同研究の様子などを生き生きと描写している。全体を通じて、カーネマンのトヴェルスキーに対する愛情が溢《あふ》れ、早世《そうせい》の友を惜しむ無念の気持ちが滲《にじ》み出ている。

人間の判断や意思決定の特徴や行動経済学の考え方、さらに自らの学問に対する態度について述べた点も多く、学術論文を読むのでは得られない洞察や思想が語られていて貴重である。特に、一〇六頁の「われわれの研究が人間の非合理を実証するものだと言われたら、今なら即座にはねつけることができます」という部分は感銘深い。前述のように、行動経済学によって人間の非合理性が示されたとか、人間の意思決定は基本的に非合理的であるという間違った印象が広まっている感があるが、そのような誤解を一蹴《いっしゅう》してくれる一文である。

また、カーネマンとトヴェルスキーの主張を誤解ないし曲解した反論にも反批判をしないことにしたという方針も興味深い。「止むに止まれぬ思いで、一つだけ例外を作」ったとあるが、これはドイツの心理学者ゲルト・ギゲレンツァとそのグループに対するものであり、彼らのカーネマンらに対する批判が熾烈《しれつ》でかつ当を得たものとは言い難かったからであろう。

第3章「効用最大化と経験効用」は、行動経済学の創設者の一人であるシカゴ大学のリチャード・セイラーとの共著論文であり、『ジャーナル・オブ・エコノミック・パースペクティブズ』の連載コラム「アノマリー」の一本として発表されたものである。同誌はアメリカ経済学会発行の学術誌でありながら、専門に深入りすることなく、経済学に関心を持つ広い読者層を対象にした雑誌であり、この論文も、経済学に関心を抱く一般の人にも十分読んで頂けるものである。

標準的な経済学では、意思決定主体は自分の確固とした選好《せんこう》を持っており、それに基づいて効用を最大化するような選択肢を選択することが前提とされている。カーネマンとセイラーは、このような標準的経済学の前提を覆すさまざまな実験例を用いて、効用概念の再検討と安定的な選好という考え方に再考を迫っている。

この論文で彼らは、経済学で通常用いられている効用という概念は二つの意味を持っており、それらを区別する必要があるというところから出発する。一つはジェレミー・ベンサムに発し、ジョン・スチュアート・ミルからフランシス・エッジワースへと続く功利主義的効用概念であり、「経験効用」と呼ばれる。もう一つは「決定効用」と呼ばれ、現代の標準的経済学が採用している考え方であり、人々が行なった選択の結果から推論されるものである。

本章の論文でカーネマンとセイラーは、人がいったい経験効用を最大化することができるのかという疑問を呈し、人は自分の好み（選好）を意外なほどわかっていないし、将来自分が何を好むかの予想にも失敗するという、衝撃的で興味深い結論を、彼ら自身や他の研究者の面白い実証結果を引用しながら示している。

第4章「主観的な満足の測定に関する進展」は、やはり『ジャーナル・オブ・エコノミック・パースペクティブズ』に発表された論文で、プリンストン大学教授アラン・B・クルーガーとの共著である。

幸福とか生活上の満足といった数値をどのように測定するかについての論文であり、著者らはU指数という新しい指標を提案する。これは、一種の「経済的な不快指数」であり、「人が好ましくない状態で過ごす時間の割合を測定する」ものであって、対象者の自己申告によって測定される。この値が小さい方が満足度は高いと見なせるわけである。彼らの調査によってわかったことの一つは、消費ではなく社会的接触、つまり他者との触れ合い時間が長いほどU指数は小さいということである。このような、人生におけるあるいは生活上の満足や幸福の測定法が確定すれば、個人所得やGNP、GDPなどに代わる幸福指標として、福祉政策を初めとする経済・社会政策や人生設計においても役立つことになる。

主に第4章に関連する訳語上の問題について一つだけお断りしておく。この論文でもそうだが、他の経済学や心理学の文献に関しても、"well-being"と"happiness"の訳し分けについて悩むことが多い。happinessについては「幸福」や「幸せ」で問題無いが、困るのはwell-beingの方である。文字どおり解釈すれば「善く生きること」であるから、「善生」と訳してあるのを見かけたことがあるが、どうもしっくりこない。そこで、本書では単に、「満足」と訳すことにした。妙訳をご存じの方がいらっしゃったら、ぜひご教示をお願いする次第である。

続いて、本書ではほとんど触れられなかったカーネマンの研究テーマについて触れるとともに、本書収録の論文は最も新しいものでも二〇〇六年の出版であるので、その後のカーネマンの研究や考え方について、簡単に紹介しておこう。

まず本書ではほとんど触れられていないが、最近注目を集めている「神経経済学」(ニューロエコノミクス)についてカーネマンはどう考えているのであろうか。神経経済学とは、脳科学と経済学が融合した、まったく新しい学問であり、脳の活動を測定することで、行動の結果だけを見たのではわからない意思決定の側面を脳にアプローチすることで理解しようとする。たとえば、二つの選択肢の一つが選ばれた時、それを選んだのが理性的な判断によるものか、あるいは感情的に選んだのかは、選択の結果だけを外から見たのではまったくわからない。しかし選択の過程において脳のどの部位が活性化するのかを測定すれば、どちらの理由であったのかが判明するのであり、こうしたことから神経経済学は、選択や意思決定に関して新しい知見が得られる可能性が大きいと期待される学問である。

カーネマンは、二〇〇一年に「金銭的利得と損失の予測と経験に関する神経反応の機能的画像測定」という論文を脳科学者であるハンス・ブライターらと共著で『ニューロン』誌に発表している。この論文はタイトル通り、人が利得と損失を経験した場合と予測する場合に、脳のどの部位が活性化するのかを、fMRI(機能的磁気共鳴《きょうめい》画像法)を用いて測定している。その結果、利得と損失では活性化の程度や部位が異なること、実際に報酬が得られた場合だけでなく、報酬の予測だけでも快が得られることなどがわかった。カーネマンの神経経済学に関する論文はこれ一本だけであるが、多数の脳科学者や行動経済学者の論文が収録された『ニューロエコノミクス』（アカデミック・プレス）という大著に後書きを寄せ、この分野には以前から関心を持っており、神経経済学の研究成果が人間行動や意思決定の研究に対して持つ意味は大きいと期待を込めて述べている。

最近のカーネマンはというと、ヒューリスティクス概念の彫琢《ちょうたく》とともに、幸福と人生の満足度の研究に集中しているようである。二〇一〇年に同僚のアンガス・ディートンと著した最新の論文「高収入は人生の評価を高めるが、感情的満足は高めない」（『全米科学アカデミー会報』）では、ギャラップ社と行なった大規模な調査に基づき、日々の感情的満足と人生全体の満足度を測定した。それによると、日々の幸せは年収の増加とともに上昇するが、年収七万五〇〇〇ドルを超えるともう伸びない。一方人生の満足度の方は、年収とともに上昇し、上限はないことがわかった。つまりより多くのお金で人生の満足は買えるが、日々の幸福は買えないということになる。味わい深いが、多様な解釈ができる結論である。

あるインタビューで「人生の満足を高めるためにどうしたらよいか」と尋ねられたカーネマンは次のように答えている（The Interview: The Most Important Living Psychologist, *The Psychologist*, 22(1), 2009）。——それは三つある。一．時間の使い方を変えなさい。時間は究極の稀少《きしょう》資源だから、そうであるように使うべき。二．人生を悪くするようなことではなく、人生を豊かにするようなことがらに注意を向けるべき。三．注意を払い続けるような活動に時間を投資すべき。新車を買って運転しても、車にはそれほど注意を払わなくなる。しかし友人と社交しているときには、その活動に注意を払っている。そのような活動に従事すべきだ。

カーネマンの研究成果とこのインタビューによって、私たちが日々の幸せと人生の満足度を高められるようになれば幸いである。

最後に、昨今のような出版不況の折に、本書のような堅い書物を出版するという英断を下された楽工社の日向泰洋氏と、難しい言い回しや専門用語を含む原典を、わかりやすい日本語にして下さった翻訳家の山内あゆ子さんに敬意を表します。

# ダニエル・カーネマン
# 心理と経済を語る

目次

# 第1章

# ノーベル賞記念講演

# 限定合理性の地図

図1　エイモス・トヴェルスキー

スウェーデン王立科学アカデミー事務総長、経済学賞選考委員長、そして皆様、ご臨席ありがとうございます。

さて、このたびノーベル賞を授与されました研究は、エイモス・トヴェルスキー（図1）と私との長年に渡る、極めて緊密な協力によって導き出されたものです。本当ならばエイモスもここにいてくれなければいけなかったのですが。私たち二人は、不確実な状況における判断と意思決定の領域における限定合理性[＊1]の心理を探求してきました。

「限定合理性」という言葉は、人によってさまざまに違った意味を持っています。別の言い方をすれば、たとえば道路地図と、標高を示す地図と、どこでどんな産物が取れるかという地図のように、同じ地域のことを描いているのに違った地図があるというふうに考えていただいてもいいかもしれません。（さまざまな地図も、「限定合理性」という言葉のさまざまな意味も）たとえ違ってはいても、お互いに矛盾しているわけでもなく、補い合っているというわけでもないのです。今日は、私たちがどんな研究をしてきたかについて少しお話ししたいと思います。私たちが目指したのは、合理的モデルから脱却した地図を描くこと、そしてそれを説明するメカニズムの地図を描き出すことでした。二つの地図はまったく違うものです。一つは結果であり、もう一つはメカニズムです。今日は、私たちが手がけた初期の研究が現在どんなふうに見られているか、そしてそれに関連したもっと最近の研究成果についてもご紹介しようと思います。これからお話しするのは、われわれの心の奥で何が起きているのかについて、三〇年以上前に私たちが研究し始めた頃の考え方です。当初から明確で具体的な考えがあったわけではありませんし、いまだにはっきりしていないこともあるのですが、理論的にも実験においても、こうしたことについてももっと詳しく研究を進めようと、エイモスと私はひっきりなしに話し合っていました。

＊1　限定合理性（bounded rationality）　さまざまな意味で使われるが、一般的には、人間などの主体・行為者が完全な認知・推論能力を備えていることを意味する「合理性」に対して、限られた認知・推論能力しか備えていないことをさす。ただし、「限定合理性」＝「非合理性」ではないことに注意。カーネマンは、人間は限定合理的な存在であり、限られた認知・推論能力に基づいて意思決定を行うとする考え方に立っている。

## 本講演の三つのテーマ

これからお話しすることのテーマは三つです。まず、意思決定について心理学研究をする際の、内容と方法の両方をご紹介すること。二つめは、限定合理性を特徴づける重要な要素に関する、広く一般化しうると思われる実験事例をいくつか見ていくこと。そして三つめは、直感についての一般的仮説――これらによって人間の信念や決定において見られる系統立ったバイアス（認知における偏り）の多くに説明がつきます――をご紹介することです（図2）。今申し上げたことの背景にあるのは、はたして直感とは何だろう、という問いです。直感とは、われわれ人間が他の動物と共通して持っている知覚メカニズムから進化してきたメカニズムであろう、そしてそれがいろいろな意味でもっと高いレベルの、おそらくは人間だけが持っている推論《すいろん》のメカニズムとの間の橋渡しをしたのではないかと私たちは考えました（図3）。直感には何らかの制約があり、さまざまな点で知覚の特徴を反映するものであろうと考えたのです。直感をこのように知覚と類比《るいひ》させて考えたことが、私たちの初期の研究の多くを導くアイデアとなりました。実際のところ、私の全キャリアを通じて手がけてきた他の研究も、このアイデアに導かれたものです。この直感と知覚の類比についても、今日は少し詳しくご紹介していこうと思います。

**本講演の3つのテーマ**

1. 意思決定について心理学研究をする際の、内容とやり方の両方を紹介すること。

2. 限定合理性を特徴づける重要な要素に関する、広く一般化しうると思われる実験事例をいくつか見ていくこと。

3. 直感についての一般的仮説を紹介すること。これらの仮説によって人間の信念や決定において見られる系統立ったバイアスの多くに説明がつく。

図2

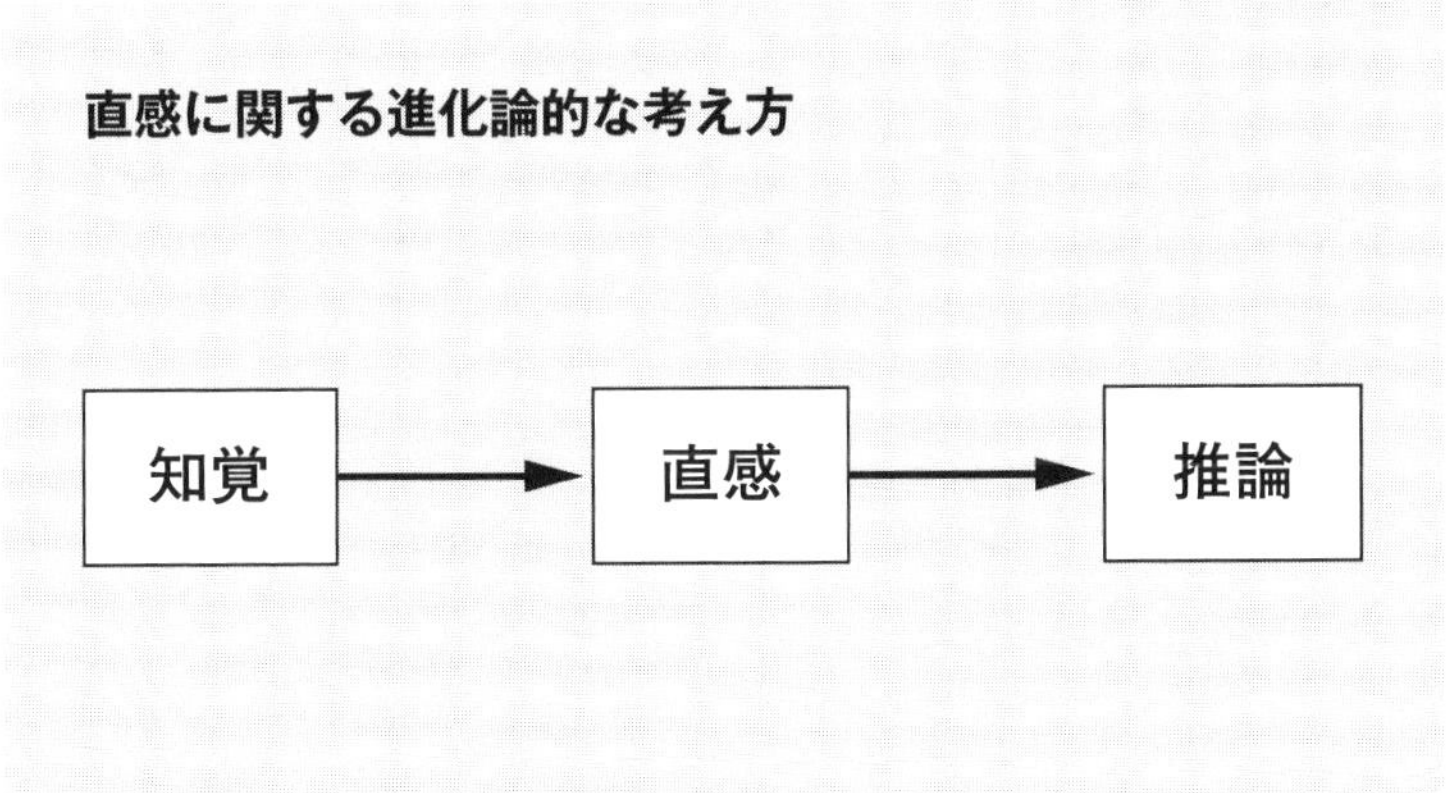


図3

**直感に関する制約**

・トランプ1枚の面積はどのくらいか？

・トランプ1組の厚みはどのくらいか？

・1組分のトランプ全部を足した面積はどのくらいか？

最初の2つの質問の答えは知覚から生じ、直感的判断が利用できるが、3番目の質問ではそれができない。

図4

## 知覚が、直接利用できる特徴と、直接利用できない特徴がある

まず、知覚とは何かについて、だいたいのところをご紹介しましょう。これは直感にもおおいに関係があることです。知覚表象《ひょうしょう》*2は、選択的だということです。つまり知覚には、直接利用できる特徴もあるけれども、直接利用できない特徴もあるのです。われわれ人間はそれらの特徴を計算しなければなりませんし、あるいはそうした特徴を変換するような特別な精神的活動をして、それを超えた別種の情報を得なければなりません。一つ例を挙げてみましょう（図4）。トランプ一枚の面積はどのくらいでしょうか？　この質問の答えは、知覚によってすぐに得られます。では、トランプ一組の厚みはど

のくらいでしょうか？　これも、知覚システムによって簡単に答えが分かる情報です。でも、一組分のトランプ全部を足した面積はどのくらいでしょう？　これはかなり努力しないと答えが分かりません。ぱっと見ただけですぐ分かる、という人はいないでしょう。この答えを出すには計算が必要です。知覚によっては分からないし、情報を直感的に処理するだけでも答えは得られません。ですから、トランプ一枚の面積とか、トランプ一組の厚みといったような、答えが簡単に分かる簡単な質問の場合と、一組のトランプ全部を足した面積というような質問に対して答える場合には、まったく違ったアプローチをしなければならないということです。つまり、最初の二つの質問の答えは知覚から生じ、直感的判断が利用できますが、三番目の質問ではそれができないということです。

さて、ではもう一つ、表象についての例をご覧いただきましょう。今度は、直接の知覚表象というわけではなく、記憶の中の表象ということなのですが、まずはこれをご覧下さい（図5参照）。

さて、今お見せしたいろいろな線が、平均してどのくらいの長さだったかお分かりになりますか？　皆さんきっと、分かる、とお答えになると思います。われわれの記憶表象の中には、

＊2　知覚表象《ひょうしょう》（perceptual representations）人間が感じるさまざまな感覚が脳内の連合野において分析的に統合されたもの。複雑な感覚情報処理の結果生じるものであり、対象となるものの単純な写像ではない。

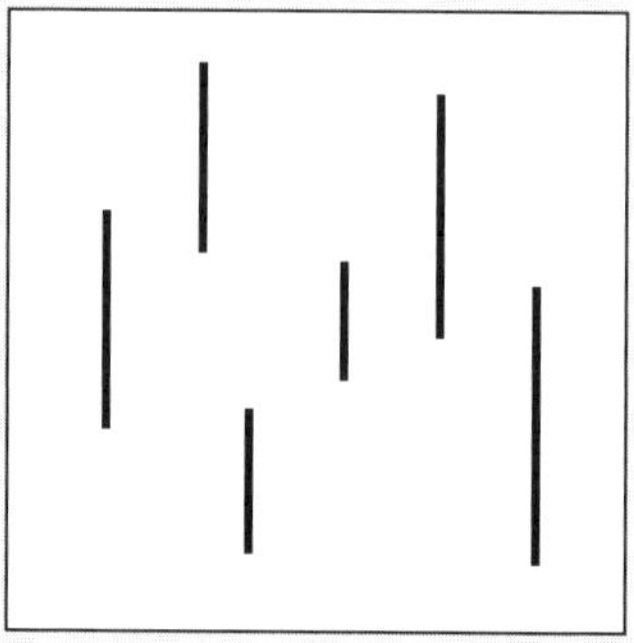

実際の講演では、上のようなさまざまな長さの直線が、1本ずつスクリーンに映っては消える。スクリーンに映される線の合計本数は16本。線の色は黒と赤の2種で、16本のうち、黒線が13本、赤線が6本。黒線と赤線の順番は不規則。なお上図は、カーネマンが講演と別にノーベル賞記念として発表した論文からのもの。

図5

線の長さの平均に関する情報があって、それを利用することができるのです。赤い線と黒い線のどちらが多かったか、これも明らかに分かります。しかし、今ご覧頂いたすべての線を足したらどれくらいの長さになるかと伺《うかが》ったらどうでしょう？　前の、一組のトランプ全部を足した面積と同じように、これも直接には利用できません。たぶん、線が何本あったかを考え、それに平均的な長さを掛けることによって算出することができるでしょう。しかし、直感的にこの情報にいきなりアクセスすることはできません。ですから、こうした質問に答えるには、われわれは記憶表象に頼ります。知覚表象と同じように、記憶表象にも、ある特徴は含まれていますが、さまざまに異なる質問に答えるのに必要なすべての特徴が含まれているというわけではありません。

## 直感は高度なことをするが、系統だったバイアスやエラーも犯す

直感をここで正確に定義することはしませんけれども、直感というのは、われわれが時に一所懸命に努力して考えるのとは対照的な、たいへんに素早く働く考えのことです。だいたいの場合、われわれは直感的に考えています。この意味において、われわれのもっとも熟練した認知活動のいくつかは直感によってなされています。チェスの達人がゲームの形勢を瞬時に見抜くのは、直感によってです。自分の置かれた社会的状況が友好的であるかどうか判断するというようなことも、非常に洗練された人間のスキルですが、これも直感によって行っているのです。直感はこんなふうにたいへん高度なことをするのですが、にもかかわらず直感はまた系統だったバイアスやエラーを犯してしまう傾向があります。われわれが行う判断においては、たとえじっくりと考えた後であっても、時には直感から来る最初の印象や最初の判断が訂正されない場合もあります。またそうした直感のエラーを糾《ただ》すとしても、完璧に糾せるということは

ほとんどありません。ですから、人が下す最終的な判断の中には、直感が犯しがちなエラーの痕跡《こんせき》が見られるわけです。

## 知覚の特性①──「変化」に集中し「状態」を無視する

では残りの時間で、知覚の重要な二つの特性と、それが直感的判断や選択にどう影響するか、また知覚と直感とを類比させて考えるというアイデアから、その類比を実験に使って結果を出すというところまでご紹介していきましょう。最初のテーマは、「状態」と「変化」ということですが、ここで心理学の一般論としてたいへんお馴染《なじ》みの説を主張させて頂こうと思います。すなわち、知覚表象は、変化するもの、前とは違っていることに何よりも集中し、状態が同じであればそういう物事は基本的に無視する、ということです。つまり、程度のいかんに関わらず、その状態がある期間ずっと続くならば、そういう物事はほとんどどうでもいい、ということです。目から脳に伝えられる情報のほとんどは、変化する物事、前とは違う物事についての情報です。この働きを説明するために、視覚を使った例を一つご覧に入れましょう。われわれが見る「色」というものは、現在の色と、その前の明るさ（もしくは色）によって決まるということです。たとえば、今皆さんがご覧になっているスクリーンは灰色ですね（スクリーン全体が数秒間灰色になる。その後、色が変わりスクリーン全体が赤色になる）。実際に実験するには何分かかかってしまいますので、今ここで実験は行いませんが、でもまずはこのスクリーン（赤色）を見ていただいて、そのまま二分間ほどじっと見詰めていただきましょう。二分間ほどじっとご覧いただいた後で、前の画面（灰色）に戻しますと、スクリーンは前のような灰色には見えなくなります。ちょっと緑がかった色に見えると思います。このように、物やスクリーンに見える色も、実は現在の刺激だけによって決まるのではなく、現在の刺激と過去の刺激の間の差異によって決まるのです。他にも、温度に関してよくご存知の例として、こんなものがあります。ボウルを三つ用意して、一つには冷たい水、二つ目には暖かいお湯、三つ目にはその中間の温度の水を入れます。一方の手を冷たい水のボウルに、もう一方の手を暖かいお湯のボウルに浸《つ》けて、しばらくそのままでいます。その後で、中間の温度の水に両手を入れてみると、右手と左手の感じ方は違います。中間の温度の水を、一方の手はとても暖かく感じ、もう一方ではとても冷たいと感じます。つまり、手はそれぞれに前の温度に適応してしまったわけです。このように、どんな刺激に対しても、われわれの感覚や知覚は、適応のレベルによって感じ方が決まってしまいます。もし判断や選択が知覚のルールに従った表象に則《のっと》って作用するのなら、変化は際立《きわだ》ち、一方、一定に保たれた状態はほとんど無視されるはずです。こんなふうに考えたことが、私たちの意思決定の解釈に重要な成果をもたらしました。

## 単なる賭けと、富《とみ》(財産)を考えに入れた場合の賭けでは、好まれ方に違いが生じる

では、まずこんなことをご説明しましょう。お金の額についてはよく語られますね。では無利息の借金ができるということを想像してみて下さい。そして、こんな賭《か》けについて考えてみましょう。この賭けが魅力的かどうか、ご自分に問いかけていただきたいのです。コインを一回トスしますと、五〇%の確率で一万五〇〇〇ドルがもらえ、五〇%の確率で一万ドルを失うというギャンブルです。ドルの金額を一〇倍するとスウェーデン・クローナの金額になるかと思います。さて、じゃあ今度は別のことをやりましょう。皆さんが好むか好まざるかにかかわらず、ぜひこれをやってみていただきたいのです。皆さん、ご自分の富《とみ》(財産)がどのくらいあるかを考えてみてください。正確にでなくても構わないんですよ、だいたいで結構ですから富の金額を考えて、その数字をWと呼ぶことにしましょう。その上で、これから二つの状況を申し上げます。どちらに魅力を感じるか教えて下さい。状況一では、あなたはWという金額の富を持っています。状況二では、五〇%の確率でWの金額から一万ドル引いた額を持つかもしれないし、五〇%の確率でWの金額プラス一万五〇〇〇ドルの金額を持てるかもしれません。

**実例**

1. この賭けは魅力的だろうか？

   **50%の確率で1万5000ドルがもらえ、**
   **50%の確率で1万ドルを失う。**

2. 次に自分の富（財産）がどのくらいあるかを考えてみる。その数字（金額）をWと呼ぶことにする。その上で、以下のどちらが魅力的かを考えてみよう。

   **現在あなたは富Wを持っており、**

   **50%の確率で、富の額W－1万ドルを保持し、**
   **50%の確率で、富の額W＋1万5000ドルを保持する。**

図6

スクリーンをご覧下さい（図6）。ここにある二つの質問についてもう少しご説明しましょう。まず分かるのは、最初のギャンブル（図中の1）はまったく魅力的ではない、ということです。大多数の人は、賭けに勝つ可能性と負ける可能性が同じである場合、勝った時には、負けた場合に失う額の少なくとも二倍もらえるのでなければ、賭けをすること自体を断ります。たとえこれほど高額でなくても同じです（たとえばプリンストン大学の学生たちに、これと同じように、もしかしたら一〇ドルなくすかもしれないけれども、いくら貰《もら》えればコイントスでこのギャンブルに賭けてみようと思うかと訊《き》いてみたところ、たいていの学生は、少なくとも二〇ドルと言いました）。ですから、最初の賭けにはまったく魅力がないわけです。さて、二番目の質問（図中の2.）の、富の金額が不確かになるというものですが、たいていはこちらの方では、はっきりと決まった額の富、つまり、確実にWの額を持っているというよりもほんのちょっとだけ魅力的だと考えられることが多いのです。でももちろん、この賭けを受けるということは、自分の富が不確かな状態になるのを受け入れることなのです（その点では1.の賭けも2.の賭けも同じ）。一番目の質問と二番目の質問の違いはたった一つ、一番目の質問には勝ち負けが絡《から》んでいて、その勝ち負けに目先の感情が伴うという点です。富という観点で考えれば、一番目の質問と二番目の質問の間に違いはありません。ではどうして好まれ方に違いが出るのか。明らかに違うのですが、これはちょっとした謎です。さて、どうしてこんなことが重要なのでしょう？　そうですね、なぜこれが重要なのかを知るためには、ずっと昔に遡《さかのぼ》らなければなりません。

## ベルヌーイの偉大なアイデア
### ――賭けは期待される貨幣の価値（金額）ではなく、期待される心理的価値（効用＝満足度）で評価される

一七三八年に、ダニエル・ベルヌーイ（一七〇〇～一七八二。数学者・物理学者）という人が有名な論文を出版しました。この論文でベルヌーイは、意思決定の問題を分析しました。その問題とは、アムステルダム（オランダ）からペテルスブルグ（ロシア）に船を出そうとしている商人の問題でした。冬に船が沈没や漂流《ひょうりゅう》で失われてしまう可能性が五％あったらどうするか。ベルヌーイがこの分析をする前は、当然ながらこれは賭けでした。ベルヌーイ以前は、期待値によって賭けを評価するのは当たり前だと思われていました。賭けの期待値とは、それによって得られる結果、つまりダカット（中世～近代ヨーロッパで使われていた貨幣単位）やクローナやドルで表される結果の加重《かじゅう》平均[*3]です。結果それぞれの加重は、それにどれくらいの見込みがあるかです。

さて、ベルヌーイは素晴らしいアイデアを思いつきました。とても重要なアイデアです。まず、彼はこんな心理学的な観察をしました。それは、心理的な価値（もしくは効用（満足度））は、金額が多くなったからと言って必ずしもそれに比例して上がるというものではない、ということです。つまり彼が観察したのは、最初に一〇〇ダカット持っている場合と、一〇〇ダカット持

＊3　加重《かじゅう》平均　二種類以上のものがある場合に、それらを単純に平均せず、それぞれの個数の差を加味して計算する方法。たとえば一〇円のものが一〇個と二〇円のものが二〇個あった場合で考えると、価格の単純な平均は、一〇円＋二〇円÷二＝一五円となる。これに対して加重平均は、（一〇円×一〇個＋二〇円×二〇個）÷（一〇個＋二〇個）＝一六・六円となる。

っている場合に、一ダカット余分に得ることが同じような違いを生むことはないということです。そして、賭けというものは結果の期待効用（expected utility）（期待される満足度）によって評価されるべきであると提案しました。彼の言う効用とは、そうした結果の主観的価値であって、ドルなどで表される結果の期待される数値ではないのです。そしてベルヌーイは、プロスペクト（prospect）（期待、見込み）を評価する単位を、ドルの単位から効用の単位へと切り替えようとしました。それが期待効用理論[*4]です。もちろん、今ではこれとはずいぶん変わってきてはいますが、この基本的なアイデアは、意思決定の理論として今でも主要な理論ですし、経済学における数多くの研究の基盤でもあります。

## ベルヌーイの誤り
### ――賭けをする者は現在の富と未来の富の状態を「比較」して効用（満足度）を測る

さて、これはたいへん偉大なアイデアではありますが、このアイデアを適用するにあたって、ベルヌーイはひとつ重大な間違いを犯したと私は思うんです。ベルヌーイの二番目のアイデアでは、さまざまな事態において、商人はこれから手に入るであろう富を考えて結果を見積もるというものでした。ですから、ベルヌーイの分析では、もし船がペテルスブルグに無事到着すれば、商人はそれが自分の富だと解釈する。もし船が失われてしまえば、それが自分の富、現在の自分の富であるとする。ギャンブラーはそうした富の状態の効用を定め、これと現在の富の状態を比べて、どんな決断をすべきかを決めるというのです。もしこのベルヌーイの分析を、さきほど皆さんにお見せした二つの質問のスライド（図6）に当てはめたとすると、皆さんは事実上、損得によって賭けが表された一番目の質問を、富によって表された二番目の質問に変えることによって答えを出したのだとベルヌーイは言うでしょう。これがベルヌーイの分析の直接の意味ですが、これが間違った予測であることは明らかだと私は思います。これが間違いであることは、少なくとも二つの理由から明らかです。まずベルヌーイの分析によれば、二つの質問に対する答えはそっくり同じでなければならないからです。つまり、賭けは、損得の単位で表された場合にも、富の単位で表された場合にも、魅力が同じでなければならないのです。第二に、ここで皆さんの直感に訴えさせていただきたいのですが、私が思うに、二番目の質問を評価する時に、実際にご自分の富についてお考えになった方はどなたもいらっしゃらないと思うのです。つまり、そうして下さいと申し上げるまで、二番目の質問を考える時に、ご自分の富を結果に含めて考えるということはなかったはずです。ですから、ベルヌーイの分析には

＊4　期待効用理論　行為の結果が不確定な状況では、経済主体は効用（満足度）を確率で加重平均した期待効用を最大化すべく選択する、とする説。

非常に重大な間違いがあります。

## プロスペクト理論
### ——効用（満足度）を決めるのは「変化」であって、「状態」（富の絶対量）ではない

これをもっとよく理解するために、もう少し考えを進めてみましょう。ベルヌーイが提唱した、最終的な富の水準が「効用の担《にな》い手」であるという仮説は、ごく最近までさほど疑問を持たれることなく受け入れられてきました。以前ノーベル経済学賞を受けたハリー・マーコウィッツ（経済学者。一九九〇年受賞）は、リスクのある選択についての理論の概略を発表し、効用の担い手は現状に対する変化であるとしましたが、それはまだ単なるスケッチにすぎませんでした。そしてご存じのように、このアイデアをもっと基本的なところから詳述したもの、つまり効用の担い手は変化であり得失であって、富の絶対量ではない、というのがプロスペクト理論であり、それが今回ノーベル賞を受賞した研究の中心なのです。このアイデアは、エイモス・トヴェルスキーと私が一九七九年に発表した論文で述べたもので、後に一九八〇年にリチャード・セイラーが、リスクのない選択に関する研究に拡張しました。エイモス・トヴェルスキーと私もこれについて論文を書いています。

さて、知覚と類比させて考えてみたこと、適応という概念を借用したこと、そして中立的な参照点という概念が、最初からプロスペクト理論の発展を導いてくれました。つまり、それこそが私たちのプロスペクト理論の始まりだったのです。人が最終的な絶対量を評価することによって決断を下しているというアイデアには、どこか決定的に間違ったところがあるという事実に、私たちは非常に強い関心を持ちました。知覚が、私たちが知覚について知っているすべてが、人というものは最終的な状態に対してではなく、変化に対してはるかに強く反応すると告げていたのです。

さて、どうしてこれがそんなにおおごとなのでしょう? ここでプロスペクト理論の詳細を述べることはしませんが、プロスペクト理論には、効用関数ではなくて、価値関数というものがあるんです(図7)。価値関数は、最終的な水準ではなくて、得失によって定義され、それに依存するものです。この関数の特殊な形がお分かりになると思いますが、これには二つ重要な特徴があります。それは、不確実な状況で人が選択をする時にどういう行動をとるかについて、二つのまったく新しい予測を伴うものです。最初の特徴は、私たちが「損失回避性」と名付けたもので、人は何かを得る時よりも、何かを失う場合の方に強く反応するというものです。実際、この反応は二倍も強いのです。ですからご覧のように、正の領域よりも、負の領域の方で関数の傾きが大きいのがお分かりになると思います。もう一つ、人の意思決定についてのプロスペクト理論の特徴は――実はこのグラフで予測されたことですが――人が意思決定をする時、損失の領域、つまり負の選択に直面した時にはリスクを追求する傾向があり、逆に利得の領域ではリスク回避的であるということです。

## 心理学的な誤りが経済学で使われてきたのは、経済主体は合理的とする説に合致するから

さて、ここで皆さんは疑問に思われるかもしれません。つまり、一七三八年に提唱された分析が、少なくとも心理学的な見地から見て明らかに間違っているとするならば、どうして経済学の分野ではこれがずっと使われてきたのか。私は、それには強力な理由があると思います。どういうことかを理解するために、まずは二人の人が今日証券会社から月例報告を受けたと思ってみてください。Aさんの方は金融資産が四〇〇万から三〇〇万になったと言われ、一方Bさんは一〇〇万から一一〇万になったと言われました。さて、それではAさんとBさん、どちらがより幸せでしょうか？ 答えは明らかですね。Aさんの方がはるかに惨《みじ》めな気持ちで、Bさんはとても満足です。でも、もう一つ質問があります。AさんとBさん、どちらの方が自分の全体的な資産状況に満足すべき理由があると思いますか？ ここでは、資産額がより多いA

**なぜこれがおおごとなのか？**
**――プロスペクト理論における価値関数**

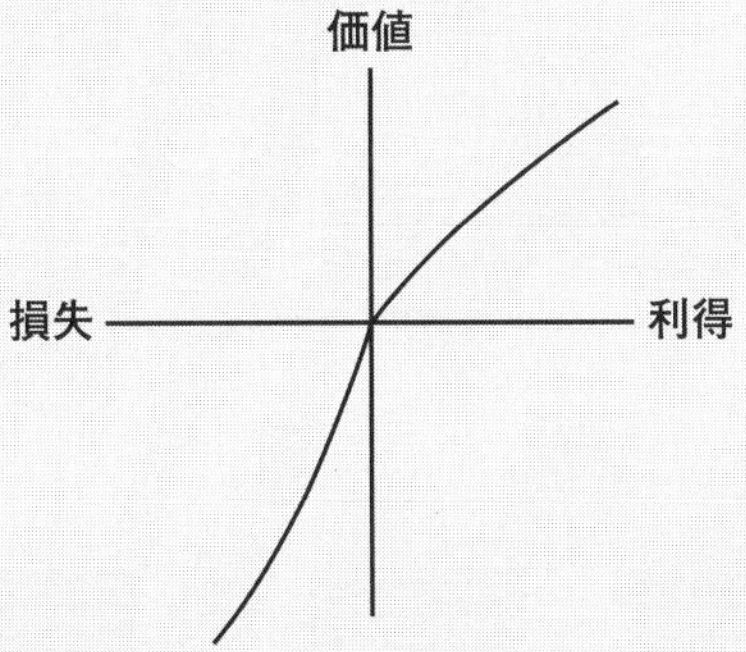


1. 持っているものを失う可能性と得る可能性の両方が入り交じった賭けの場合、損失回避性が極端に強くなる。
2. 人は負の領域では（マイナスの選択に直面した時には）リスクを追求する傾向がある。

図7

さんの方が、自分の資産状況に満足すべき理由があることは明らかです。

　さて、得失の変化が価値の担い手と考えるプロスペクト理論は、ある意味でこうした変化に対する目先の反応に注目します。人が変化を結果と考えることの特徴を捉《とら》えたものなのです。人は利得と損失（変化）を考えます。ベルヌーイの分析は長期に渡る状態に注目します。これは非常に重要な点につながります。先ほどご覧いただいたように、結果はたいへん異なる二つの方法でフレームする（枠組み（frame）や焦点の当て方を定める）ことができます。

**標準的な無差別曲線は、ベルヌーイの誤りと同じ間違いを、リスクという要素を抜きにして犯している**

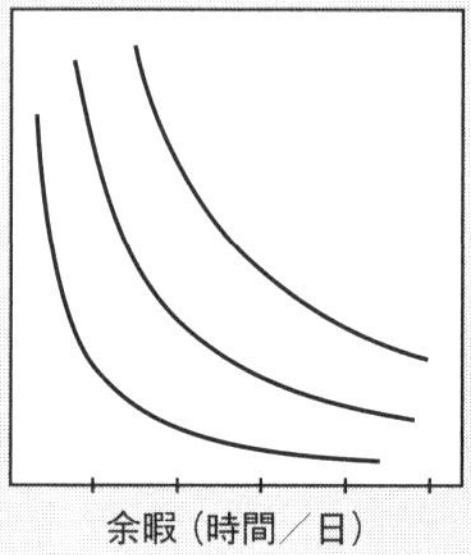


ある人が現在保持しているものの状況が示されない。それを示すのは不適切と考えられているため。
無差別曲線は実際には参照点でさまざまな形にねじれる。

**損失回避性は、現状維持をする方向に強力なバイアスを引き起こす。**

図8

同じ選択であっても、得失でフレームすることもできるし、最終的な絶対量でフレームすることもできます。結果を富の絶対量（状態）としてフレームすることは、心理学的に見れば、現実的とは言えません。人というものは普通そんなことはしません。しかし、結果を富の絶対量でフレームすることは、規範《きはん》*5的には妥当です。経済的な意思決定を見るには、より妥当な方法であると言えるでしょう。それはまず長期に渡る結果（富）を把握し、続いて得失に伴う一過性の感情を考察するための方法なのです。

　というわけで、富（状態）という観点から結果を評価することは、経済的合理性の特徴であり、経済学的分析は、人間という行為者が合理的に行動するという仮定に基づいていますから、ベルヌーイの分析を認めることは、経済主体は完全に合理的であるとするより広い考え方を受け入れることの一部であることがお分かりになるでしょう。

## 無差別曲線の欠点
### ──富の最終的な量は示されるが現在の状況は示されない

さて、あまり詳細にご説明はできませんが、標準的な無差別曲線[*6]は、ベルヌーイの誤りと同じ間違いを、リスクという要素を抜きにして犯しているということを指摘したいと思います。心理学者にとって、少なくとも私という心理学者にとっては、この曲線には一つ腑《ふ》に落ちない点があります（図8）。初めて無差別曲線を学んだ時のことを覚えていますが、ぜんぜん理解できませんでした。理解できなかった理由は、当然あるはずのものがここには見当たらなかったからです。私が見つけようとしていた、あるはずのものというのは、「では現在持っている富

＊5　規範的《きはん》　「人が実際どのように行動するか」を記述するのではなく、「人はどう行動すべきか」または「人はどう行動するのが合理的か」という観点に立つ理論を規範理論という。
＊6　無差別曲線　経済学で使われる、同じ効用が得られる財（モノ）やサービスの組み合わせを結んだ曲線。消費者が複数の財から得られる効用を最大化するように財の組み合わせを選択しているという効用最大化の仮定に基づいている。

の状況はどうなのか?」ということです。つまり、この無差別曲線の中で、人はどこにいるのか? 実は、無差別曲線の中にはそれは示されてはいないのです。示されていない理由は、そんなことはどうでもいいとされているからです。これがどうでもいいとされているのは、描かれている富は、基本的に最終的な状態、あるいは最終的に所有されている量だけであって、それだけが重要であるとされているからです。どこにいるのかはどうでもいいのです。しかしリスクのない意思決定やリスクのない選択の実証的研究から言えば、実際は、無差別曲線はこんな形のカーブにはならないのです。無差別曲線は参照点でさまざまな形にねじれるはずなのです。それに、さっき申し上げた損失回避性は、現状維持をしようという方向に強力なバイアスを引き起こします。今いるところを選ぶか、今いるところから変わるかを選択する場合、損失回避性が、人が意思決定する時に変わらないことを選ぶ大きな要因の一つになっています。ひとたびそういう状況に置かれ、そんな状況から離れようとする時、有利な点よりも損失や不利な点の方がより突出して感じられるのです。

## 知覚の特性②――足し算をすべきときに平均値を求めてしまう

残り時間が一二分ほどになってしまいましたが、残りの時間で知覚の別の特徴についてお話ししたいと思います。これもとても重要なものです。先ほど、平均値や典型的な価値（values）を含むグループの基本的表象のデモンストレーションをご覧いただいた時、短い線や長い線という価値をアレンジした図をご紹介しましたね（図5）。たとえば色のように、異なる特徴が相対的に見てどのくらいの頻度で現れるかは、私たちにはだいたい分かります。それはすぐに利用することができるわけです。しかし、基本的な知覚的表象には、たとえば全部の線を足した長さがどのくらいになるかというような、より複雑な統計は含まれていません。では、これからこんな仮説をご紹介したいと思います。重要な決定や選択のタスク（課題、作業）の多くは、ある一組のグループの中の価値の合計をどう評価するかにかかっています。でも、グループに含まれる価値の合計は直感的には分かりません。しかし平均値は直感的にただちに分かるので、そうしたタスクを直感的に行うと、系統的にエラーを犯す傾向が強いのです。そしてそうした間違いは、系統的に予測することが可能な方向へのエラーになります。ある状況で人が決定や選択をする際、合計の代わりに単に平均値を当てはめてしまうことが時々あることが、多くの例から分かってきました。平均値は表象に含まれているけれども、合計は含まれていないからです。そして、平均値が明らかに代わりに使われているのでない場合でも、人が下す決定や選択にはたいていバイアスがかかっています。それも、平均値に向かうというごく強いバイアスがかかっているのです（図9）。

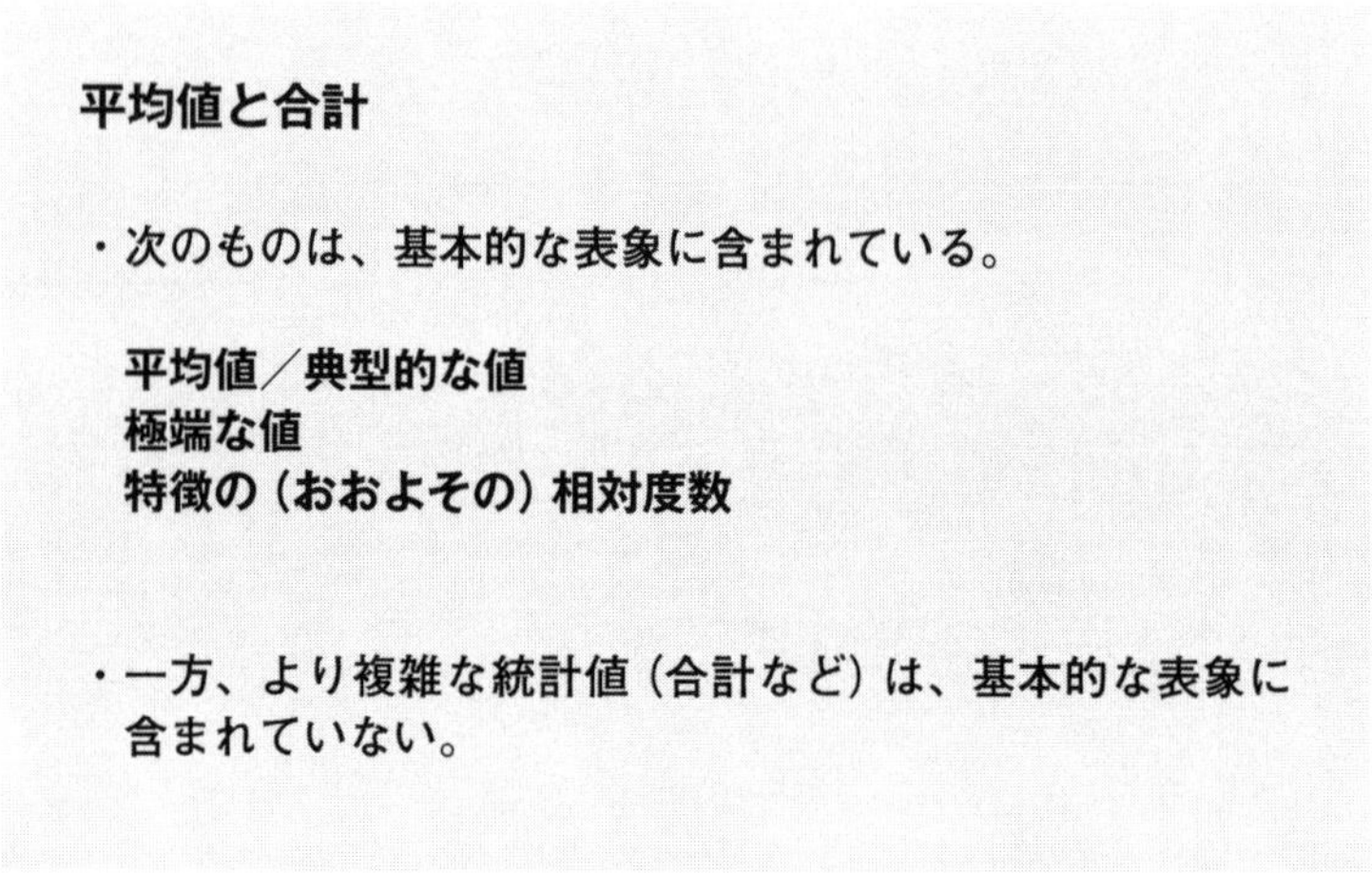
平均値と合計
・次のものは、基本的な表象に含まれている。
平均値／典型的な値
極端な値
特徴の（おおよその）相対度数
・一方、より複雑な統計値（合計など）は、基本的な表象に含まれていない。
図9

では、これから四つの例をご覧に入れたいと思います。四つとは、

a　一つのグループになった物を評価する場合

b　一つのグループの観察結果の証拠を評価する場合

c　ある人が、あるグループもしくはカテゴリーに属すかどうかを判断する場合

d　あるエピソードを評価する場合

です。ここでエピソードというのは、複数の瞬間が一つのグループになったものという意味です。これらの四つの例に共通しているものが何かと言いますと、人はなぜ足し算をしなければならない時に平均値を求めてしまうのか、ということです。今申し上げた四つのケースすべてについて、とても簡単なテストをしてみまし

た。まず、あるグループを取り上げます。これを基本的なグループ、あるいは小グループと呼びましょう、そしてそれに何か価値を付け加えます。これから申し上げるようなやり方で、新しく加わった価値が平均値を下げるように、価値を足して行きましょう。もちろん、正の価値を足して行きますから、合計の価値は増えます。そして問題は、新しい価値が加えられた時に、判断される価値は増えるか減るかということです（図10）。もう予測がつくように、実際には合計を増やすような価値を加えているにも関わらず、判断される価値は減るという方向に系統だった誤りが見られ、これによって、判断というものが、少なくとも平均値にアンカリング[*7]されているということが分かります。ではいくつか例を挙げてみましょう。

## a　一つのグループになった物を評価する場合

＊7　アンカリング（効果）（anchoring（effect））　数値や物事を推定したり調整したりする際に、与えられた初期値が錨《いかり》（アンカー）のような機能を果たし、人の思考がそこに縛り付けられること。またそれによって判断に影響が及ぶことをさす。たとえば、「八×七×六×五×四×三×二×一は？」という問題Aと、「一×二×三×四×五×六×七×八は？」という問題Bを別の人に出し、それぞれ五秒以内で答えるように求めると、AとBは数字の順序を逆にしただけの実質的には同じ質問であるにもかかわらず、問題Aを出された人の方が大きな数値を答えてしまうことが実験で確認された。これは、暗算でできる計算（問題Aでは八×七＝五六、問題Bでは一×二×三×四＝二四）をアンカーとするアンカリング効果が働いたためと考えられる。

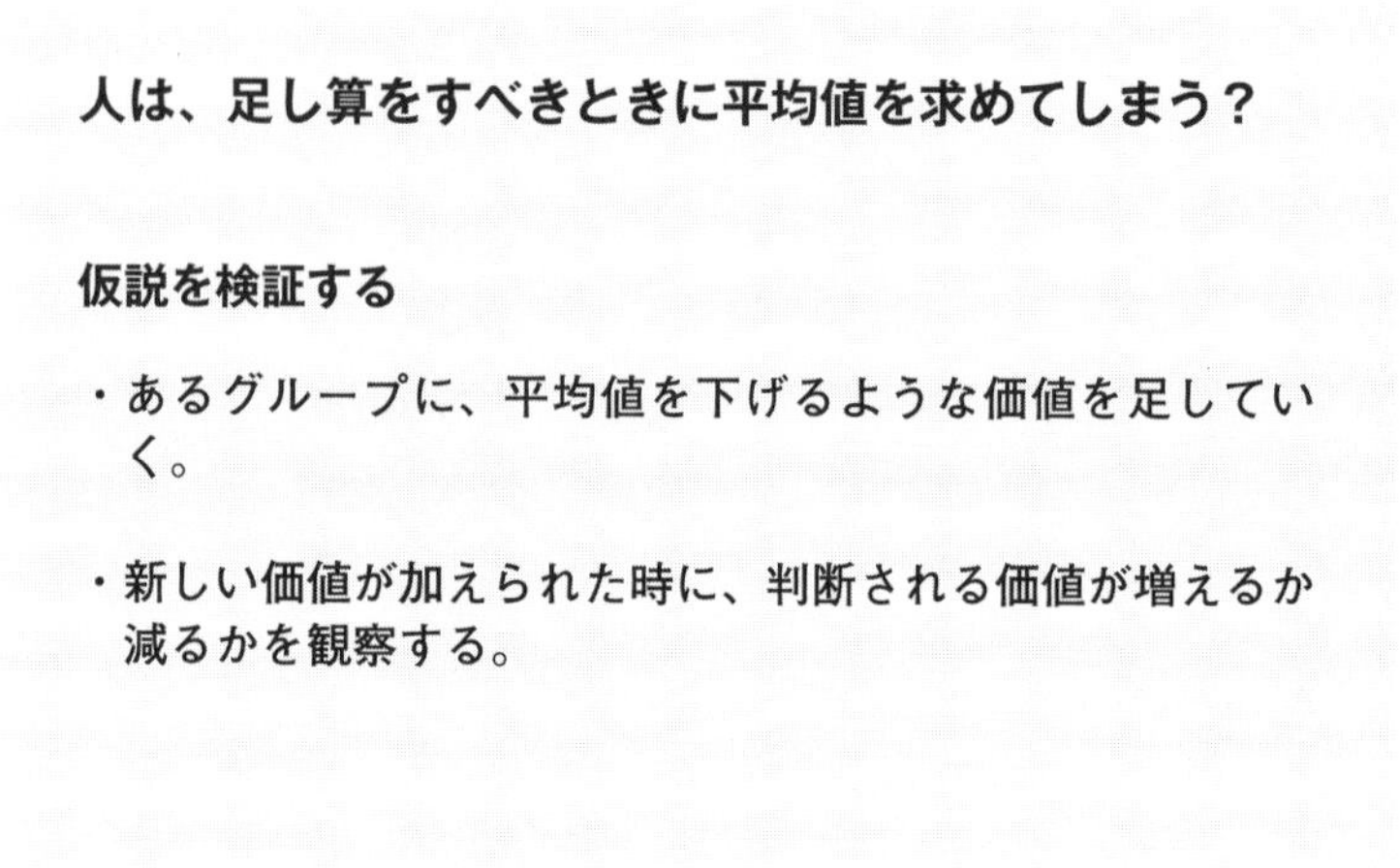
人は、足し算をすべきときに平均値を求めてしまう？
仮説を検証する
・あるグループに、平均値を下げるような価値を足していく。
・新しい価値が加えられた時に、判断される価値が増えるか減るかを観察する。
図10

この例は、最近シカゴ大学のクリストファー・シーが行った研究からのものです。ここでは参加者たちは、在庫一掃セールにかけられた食器類のセット、あるいは食器類のセットに関する情報を見せられます。二つのセットがあります。小さいセットと、大きなセットです。小さい方のセットには、二四点の食器が含まれています。大きい方のセットには、小さい方のセットと同じ食器二四点と、それに加えてそれ以外の食器が一六点含まれています。カップが八つありますが、そのうちの二つは壊れています。カップの受け皿も八つありますが、そのうちの七つが壊れています。もちろん、小さいセットとか大きなセットというラベルが被験者に見せられるわけではありませんが、セットについての情報は知らされます。その上で、食器セットに値段をつけるように頼みます（図11）。この実験には、二つの違った条件がつけられていることを付け加えておかなければなりません。ケースの一方は、個別評価と呼ばれていますが、それぞれの参加者が値段をつけるのは一方のセットだけです。つまり、参加者それぞれは、大きなセットか、あるいは小さなセットかのどちらか一方しか目にしないわけです。一方、一括《いっかつ》評価と呼ばれる方では、前のスライド（図11）で見て頂いたように、参加者は両方のセットを並べて見ます。さて、一括評価では、もしその人が、余分に加えられた食器がセットの価値を下げることはあり得ないというロジックを知っていれば、その論理的なルールを当てはめることができるという点にご注目ください。でも、もしそのことが分からなければ、つまり、単にセットのうちの一つを目にするとすれば、基本的には直感に頼らざるを得ないことになります。当てはめられるデータがないのですから、私たちが優越性ルール[*8]と呼ぶルールは、当然当てはめることができません。というわけで、こういう結果が出ました。参加者が二つのセットを同時に見ることができた一括評価では、参加者たちは小さなセットの方よりも大きい方のセットに必ずちょっと高い値段をつけました。これは当然でしょう。よりたくさんの食器が含まれて

＊8　優越性ルール（dominance rule）　選択肢がAとBの二つであり、これを比べるとする。この時、Aが少なくとも一つの点においてBより望ましく、なおかつその他のすべての点において同等に望ましいかそれ以上である場合、AはBに対して選択肢として優越しているという。この状況ではAを選択することが、優越性ルールに従うということになる。このルールは選択肢が三つ以上ある場合にも適用できる。

**a　1つのグループになった物を評価する場合**

クリス・シーの食器を使った研究（1998年）

**参加者は、在庫一掃セールにかけられた食器類のセットに値段をつける。**

| **Aセット（小）計24点** | **Bセット（大）計40点** |
| --- | --- |
| ディナー用の皿8点（すべて状態良好） | ディナー用の皿8点（すべて状態良好） |
| サラダボウル8点（すべて状態良好） | サラダボウル8点（すべて状態良好） |
| デザート用の皿8点（すべて状態良好） | デザート用の皿8点（すべて状態良好） |
| | カップ8点（2つは壊れている） |
| | カップの受け皿8点（7つは壊れている） |

「小さいセット」「大きいセット」といったラベルは、被験者に示されない。

図11

いるのですから、より価値があるということです。でも、二つのセットのどちらかしか目にしない場合、小さい方のセットには三三ドルという値段をつけ、一方、大きいセットの方には二三ドルという値段がつけられたのです。これは明らかに優越性ルールを侵害しています。それに、お分かりのように、経済学的ロジックにも大いに反しています。でも、どうしても必ずこういう結果になるのです。ここで起きているのは、こういうことです。個別評価では、お金を支払おうという意思は、食器それぞれの価値の加重平均にアンカリングされていて、大きなセットの中には壊れた食器が含まれているということで、その平均値がより低くなってしまったのです。一方、一括評価では、もちろん誰もがこの優越性ルールを当てはめますから、ルールが直感を圧倒したということです。こうした発見はとても強力なもので、しかも仮説に基づく質問に依存しているわけではありません。確か最近論文で発表されたと思いますが、このことは実際の商品に関して経験豊かな業者が行った市場実験でも確認されています。[1]

## b　一連の観察結果の証拠を評価する場合

さて、では次の例をご紹介しましょう。これはエイモス・トヴェルスキーと私がずいぶん昔に行った研究に基づいたものです。今、皆さんの目の前に壺《つぼ》が二つあると想像してみてください。一方の壺には、赤いボールが六〇個、白いボールが四〇個入っています。もう一つの壺には、赤いボールが四〇個、白いボールが六〇個入っています。今、壺の一方からサンプルを取り出します。あなたは、このサンプルを取った方の壺が、赤のボールが多く入った壺かどうかを判断しなければなりません。では次のような二つのサンプルで、この壺が「赤いボールが多い方」かどうか、どう判断なさるでしょう？　「小さい方のサンプル」では、赤いボールが三個、白いボールは〇《ゼロ》でした。「大きい方のサンプル」では、赤いボールが七個、白いボールが三個でした。すると、「小さい方のサンプル」の方が「大きい方のサンプル」よりもかなり高い確信を持って「赤が多い」壺だとされたのです。三対〇《ゼロ》のほうが、七対三よりも確実だと思われたわけです（図12）。状況を分析してみると、これが間違いだということが分かります。これが間違いであることを見抜くのは極めて簡単です。七対三のサンプルは七と三に分解できます。赤三個、白〇《ゼロ》個ということは、赤を強く支持していますし、一方、サンプル七個のうち赤四、白三という方は、赤をより弱く支持していることになります。論理的分析では、二つのサンプルが提示する支持の合計によって、仮説の確からしさが決定されます。しかしこれとは対照的に、主観的な確信は一種の支持の加重平均であって、強い支持と弱い支持の平均は、それ単独では強い支持よりも、実際は低くなってしまいます（図13）。ここでもまた、合計よりも平

## b　一連の観察結果の証拠を評価する場合

（1972年のトヴェルスキーとの共著論文に基づく例）

**目の前に2つの壺がある。**

・一方の壷には、赤いボールが60個、白いボールが40個入っている。

・もう一方の壷には、赤いボールが40個、白いボールが60個入っている。

**あなたは壷の一方からサンプルを取り出す。**

次の2つのうち、どちらのサンプルの方が「赤の方が多く入った壷」からとった可能性が高いと思うか？

・小さい方のサンプル　赤３個、白０個

・大きい方のサンプル　赤７個、白３個

**小さい方のサンプルの方が、高い確信をもって「赤が多い」壷だとされた。**

図12

**なぜこれが間違いなのか？**

サンプルを分解してみると

| | | |
|---|---|---|
| | 赤３個、白０個 | 赤を強く支持 |
| | 赤４個、白３個 | 赤を弱く支持 |
| 合計 | 赤７個、白３個 | |

論理的分析では、仮説の確からしさは、2つのサンプルが提示する支持の合計によって決定される。

**対照的に、主観的な確信は、支持（強い支持と弱い支持）の平均値である。**

図13

均に頼るという傾向が見られ、優越性ルールがある意味で破られているらしいことが分かります。

これには非常に重大な意味がありました。ある仮説に対する確信は、主としてそれを支持する証拠の比率によって決まるのです。これはエイモス・トヴェルスキーが、亡くなる直前の一九九六年に手がけていた最後の理論であるサポート理論で大いに発展させた考え方です。これと同じ考え方から、人が証拠の信頼性に対して大いに無感覚であることも導き出すことができます。たとえば赤三個、白〇《ゼロ》個というように証拠が不十分な時、人は結論に飛びつきます。そしてサンプル数が大きい場合で、そのサンプルに圧倒的な説得力がないと思える時、統計に不当な疑いを抱きます。こうしたことから導き出される、市場における人間の行動に関する重要な結論の一つは、判断の正しさと、人が自分が出したその判断に抱く自信との間の相関関係は、ごく弱いものだということです。

## C　ある人が、あるグループもしくはカテゴリーに属すかどうかを判断する場合

それから、こんな例があります。ある人が特別なカテゴリーに属しているかどうかに関する例なのですが、ではこの例を、単純に読み上げてみましょう。「リンダは三一歳、独身、率直にものを言い、とても頭が良い。大学では哲学を専攻した。学生の時には差別と社会正義の問題に深い懸念を抱き、反核デモにも参加した」。これは、エイモス・トヴェルスキーと私が作った中でもたぶんお気に入りの例と言えるでしょう。さて、では次に申し上げることの確率はどの程度あるでしょう？　確率が低いものをひとつ申し上げましょう。「リンダは銀行の出納《すいとう》係であり活発なフェミニストである」。もう少し確率が高いものは、「リンダは銀行の出納係である」、というもので、これにはもちろん、「銀行の出納係であってフェミニストである」とい

**c　ある人が、あるグループもしくはカテゴリーに属すかどうかを判断する場合**
（1983年のトヴェルスキーとの共著論文での例）

「リンダは31歳、独身、率直にものを言い、とても頭が良い。大学では哲学を専攻した。学生の時には差別と社会正義の問題に深い懸念を抱き、反核デモにも参加した」

**次の確率はどの程度あるだろうか？**

・確率が低いもの——リンダは銀行の出納《すいとう》係であり活発なフェミニストである

・確率がより高いもの——リンダは銀行の出納係である

**個別評価では、前者の方が後者より確率が高いと判断された。**

図14

うことも含まれています。しかし、個別評価では常に、最初にご紹介した、「彼女は銀行の出納係でありかつフェミニストである」という事象の方が、二番目のものよりもあり得そうだと判断されたのです（図14）。これはどんな理論で説明できるでしょう？　ここでも問題は、二つの表象の関係を判断しなければならないということです。一方の表象は、この「リンダ」という人、もう一つの表象は「銀行の出納係」もしくは「フェミニストである銀行の出納係」というセットです。前に申し上げた通り、それぞれのセットは、平均的な特徴を持った典型例によって表象されています。この人がどの程度典型に類似しているかは、自動的に算出されます。この類似性の判断が、必要な確率判断のための近似値として使われます。これが、エイモス・トヴェルスキーと私が、代表性による判断と呼んだもので、そこでこれを代表性ヒューリスティック[*9]に使ったのです。

さて、論理的に考えてみれば、「リンダが銀行の出納係である」ということの確率は、彼女が「銀行の出納係でありかつフェミニストである」こと、そしてもう一つ、彼女が「銀行の出納係でありフェミニストではない」こと、という二つを合わせた和であることが分かります。しかし、主観的な確率は、彼女がどのくらい平均的な銀行の出納係に似ているか、つまり、典型的な銀行の出納係に近いか、その度合いによって支配され、その結果、エラーにつながってしまうのです。

*9　代表性ヒューリスティック（representative heuristic）　ヒューリスティックは、アルゴリズムと対比して使われる概念。アルゴリズム（コンピューターでの計算手続のように厳密に解を導き出す方法。何をすべきかが明確に漏れなく指定されていなければならない）に対して、ヒューリスティックスは「便宜的な手続き」といった意味であり、日本語では簡便法、目の子などと言われる。限定された時間内で限定された能力を使用する手続きであり、正解に近い値を得られる場合もあるが、正解から大きく外れる場合もある。代表性ヒューリスティックは、ヒューリスティックの一種。本文の例では、リンダがフェミニストに典型的な（代表しているかのような）特徴を備えていることから、確率判断を誤った（代表性ヒューリスティックが働いた）ということになる。

## d　あるエピソードを評価する場合

最後にご紹介する例は、エピソード、すなわち複数の瞬間が一つのグループになったものを評価するというものです。これから三分で例を二つご紹介しましょう。これらのデータは、大腸内視鏡検査を受けている患者さんから集めたものです。詳しくご説明はしませんけれども、大腸内視鏡検査というものは、とにかくたいへんな苦痛を伴う検査なんです。患者さんは六〇秒毎に苦痛を報告します。どのくらい痛いかを報告するように指示されるのです。ここにあるのは二人の患者さんの記録です。一人は八分間の短い大腸内視鏡検査を受け、もう一人はずっと長く、二二分間もの大腸内視鏡検査を受けました。どちらの患者さんの方がより辛い思いをしたと思われますか？　もちろんBさんの方であることは明らかです。つまり、痛みのあらゆるレベルで、Bさんの方がAさんよりも痛みを感じているからです。もしも計測器を使っていれば、そのデータを見てもこの仮説が正しいことが証明されるでしょう。でも、大腸内視鏡検査の表象は、あるいは他のどんな痛みのエピソードの表象であっても、それは実際には経時的《けいじ》に被《こうむ》った痛みの合計というわけではない、というのが私の主張です。これは、時間を通じて経験した痛みの平均値にずっと近くなります。特に二つのポイントが、全体的なエピソードの評価を決定づけるのに非常に大きな役割を果たしています。その一つが痛みのピーク、もう一つは、その経験が終わる時の痛みです。そういう点から見ると、Bさんは、Aさんよりも状況が良いことになります。Aさんは、検査自体を受けた時間は短かったのですが、とてもひどい瞬間、強い痛みを感じている瞬間に検査を終えています。一方、Bさんは、全体を見ればより多く痛みを経験していますが、検査の最後を見るとAさんよりもずいぶんマシです（図15）。Bさんの経験した痛みの平均は、Aさんの経験した痛みの平均よりも低かったのです。実際に、この二人の患者さんのどちらがよりひどい痛みを経験したか報告してもらったところ、Aさんの方が相当にひどい痛みを経験したという報告をしました。この結果は、他の多くの実験でも再現されていて、この二人の患者さんの結果に限ったものではありません。

さて、この例が示すように、あるエピソードの記憶は、痛みが弱い時間を加えることによって、より嫌悪感を減らすことができます。実はこれを証明するための実験も行っています。それが、これからご紹介する最後の例です。この実験では、参加者の皆さんは、七分間の間を置いて二回の実験に参加しました。まず非常に冷たい水に手を浸し、指示があるまでそのままにしておいていただきました。二度目の実験を終えて七分後に、三回目の実験のために参加者の皆さんを呼びました。参加者は全員、お金を払って来ていただいたボランティアで、不快なエピソードを三回経験するということは了解していました。二度の実験の後、参加者の皆さんに、三度目の実験として一度目と二度目のどちらかを再現するとしたら、どちらがいいと思うか訊

## d　あるエピソード（複数の瞬間が1つのグループになったもの）を評価する場合

例1――大腸内視鏡検査を行う患者さんが60秒毎に苦痛を報告する（1996年のリーデルメイヤーとの共著論文の例）

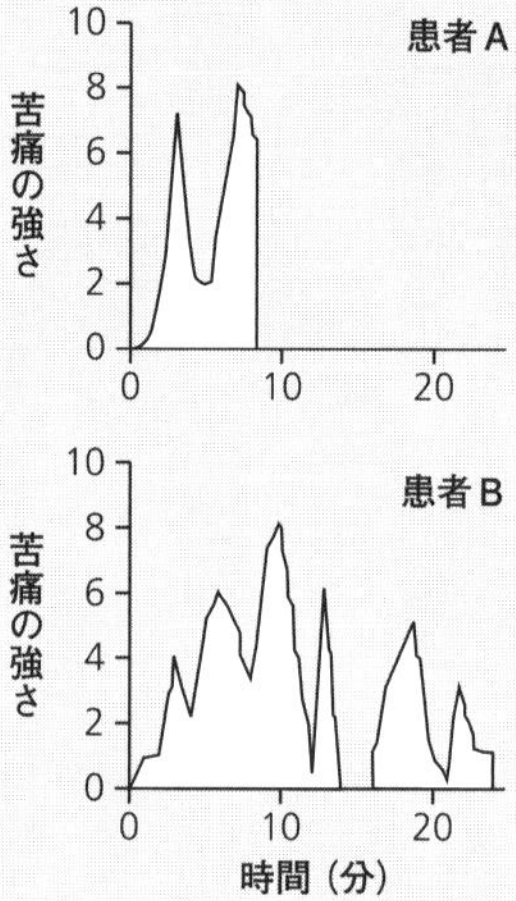


**どちらの患者さんの方がより辛い思いをしたか？**

論理的な答えは――Bさんの方が辛い思いをした

しかし、痛みのエピソードの表象は合計ではなく、経験した痛みの平均値。

この平均値においては、痛みのピークと経験が終わる時の痛みが、もっとも重視される。

**予想された通り、Aさんの方がBさんよりもひどい痛みを経験したと報告した**

図15

きました。実験の仕組みはこうです。実験のうちの一方は六〇秒間と短く、水温は摂氏一四度でした。痛いほど冷たい水です。がまんはできますが、でもやはり苦痛なほど冷たいものです。もう一方はより長い実験で、摂氏一四度で六〇秒間、プラスその後摂氏一五度の冷水に三〇秒間浸していただきました。二度の実験を終えて七分後、参加者の皆さんは、どちらの実験の方ならもう一度やってみても構わないか選ぶように言われたわけです。正確にどういう条件で実験が行われたかにもよりますが、参加者のうちの三分の二から八〇パーセントは、かなり不快な状態に三〇秒間も長く晒《さら》されることになるにもかかわらず、長い方の経験を選ぶと答えました。この場合も、理屈は明らかです。評価しているのが苦痛の平均値であれば、三〇秒間長くなることによって合計は増えるとしても、平均値は下がるということです。

というわけで、直感的思考は、比較的苦心もせず、余計な計算をすることもなく、基本表象(basic representation)にそのまま従って動作するものなのです。グループの基本表象には、平均値は含まれていますが、合計値は普通は含まれていません。私たちがこれまで見てきた例に含まれていた以下のような特徴——優越性ルールの侵害や、グループのサイズ(品物の数量、サンプルの大きさ、結果の基準率、エピソードの持続時間)には概して無頓着《むとんちゃく》であること——こうした特徴はすべて、人が判断を下す際にほとんど影響を及ぼさないということです。さまざまな状況で同様の結果が得られているということは、すべてのケースで同じメカニズムが働いていることを示唆《しさ》しています。

## まとめ

今日は、判断や選択を支配する、知覚に関する二つのルールについてお話ししてきました。一つめは、知覚にとっては状態よりも変化の方が優位であるということで、それによって、意思決定の際に変化に対する近視眼的集中が引き起こされます。二つめは、知覚や記憶の中の典型（および平均）によるカテゴリーやグループの表象に関する考え方で、論理的に合計を評価しなければならないタスクにおいて、決まったパターンのエラーを引き起こすものです。

締めくくりとして、より一般的に申し上げれば、経済学とは違って、心理学には正式な統一理論というものはありません。しかしながら、知覚や認知機能についてのいくつかの一般的原理によって、限定合理性という現象を幅広く予測し、また説明できるということを、ここまで申し上げてきました。これによって、ある程度、心理学と経済学の間の溝が埋まったのではないかと思います。ご静聴ありがとうございました。

# 第2章

# 自伝

# ダニエル・カーネマン　年譜

＊は関連事項

| | |
|---|---|
| 一九三四年 | テル・アビブ（現イスラエル）に生まれる。フランスで育つ |
| 一九四〇年 | ＊ナチスドイツがフランスを占領 |
| 一九四四年 | ＊連合軍によるフランス解放 |
| 一九四八年 | 英国委任統治領パレスチナ（現イスラエル）へ移住 |
| 一九五四年 | ヘブライ大学卒業。専攻は心理学。副専攻は数学。同年からイスラエル国防軍で任務に就く（〜五六年） |
| 一九五八年 | カリフォルニア大学バークレー校に留学 |
| 一九六一年 | カリフォルニア大学バークレー校から博士号取得。同年、ヘブライ大学へ戻り、研究・教育に従事（〜七八年。講師〜教授）。またこの間に、ミシガン大学客員研究員（六五〜六六年）、ハーバード大学講師（六六〜六七年）、ケンブリッジ大学客員研究員（六八〜六九年）、オレゴン研究所研究員（七一〜七二年）、スタンフォード大学フェロー（七七〜七八年）を兼任 |
| 一九六八年 | 同年〜翌年にかけて行われたセミナーの過程でエイモス・トヴェルスキーと出会う |
| 一九七三年 | 単著『注意と努力（*Attention and effort*）』刊行 |
| 一九七四年 | 共著論文「不確実な状況下での判断――ヒューリスティックスとバイアス（Judgment under uncertainty: Heuristics and biases）」発表（「サイエンス」誌） |
| 一九七七年 | 同年〜翌年までの研究の過程でリチャード・セイラーと出会う |

| | |
|---|---|
| 一九七八年 | アン・トリーズマンと結婚。同年、ブリティッシュ・コロンビア大学教授（〜八六年）。またこの間に、カナダ高等研究所アソシエイト・フェローを兼任（八四〜八六年） |
| 一九七九年 | 共著論文「プロスペクト理論——リスク下での意思決定の分析（Prospect theory: An analysis of decision under risk）」発表（「エコノメトリカ」誌） |
| 一九八一年 | 共著論文「意思決定におけるフレーミングと選択の心理（The framing of decisions and the psychology of choice）」発表（「サイエンス」誌） |
| 一九八二年 | 共編著『不確実な状況下での判断——ヒューリスティックスとバイアス（*Judgment under uncertainty: Heuristics and biases*）』刊行 |
| 一九八六年 | カリフォルニア大学バークレー校教授（〜九四年）。またこの間に、ラッセル・セージ財団客員教授（九一〜九二年）を兼任 |
| 一九九三年 | プリンストン大学教授（〜二〇〇七）。またこの間に、ヘブライ大学フェローを兼任（二〇〇〇〜） |
| 一九九九年 | 共編著『満足——快楽心理学の基礎（*Well-being: The foundations of hedonic psychology*）』刊行 |
| 二〇〇〇年 | 共編著『選択、価値、フレーム（*Choices, values and frames*）』刊行 |
| 二〇〇二年 | ノーベル経済学賞受賞。同年、共編著『ヒューリスティックスとバイアス——直感による判断の心理学（*Heuristics and biases: The psychology of intuitive judgment*）』刊行 |
| 二〇〇七年 | プリンストン大学名誉教授 |

# 幼少期

私は一九三四年、テル・アビブで生まれました。現在はイスラエルになっているところです。母がテル・アビブの親戚を訪ねている間に生まれたのですが、当時われわれ一家が住んでいたのはパリでした。両親はリトアニア系ユダヤ人で、一九二〇年代初めにフランスに移住し、暮らし向きはかなり裕福でした。父は大きな化学工場の研究所長をしていました。両親はフランスのほとんどの部分が気に入っていましたし、フランス人の友だちも何人かはいましたが、それでもわが家のフランスにおける根は浅く、心の底から安心して暮らしたことはありませんでした。もちろん、たとえわずかでも安心感が残っていたとしても、一九四〇年にドイツ軍がフランスを席巻《せっけん》した時にすべて消え失せてしまったわけですが。一九四一年に、おそらく私が生まれて始めて描いたグラフがあります。わが家の財産を時間の関数として描いたものですが、一九四〇年頃には、そのカーブはすでに負の定義域に入っていました。

私が心理学者になったのは、子どもの頃に面白いうわさ話をたくさん聞いて育ったからなのか、それともそもそもそういううわさ話に興味を持つような子どもだったから、後にこういう仕事につくことになったのかは分かりません。ユダヤ人ならおそらく誰でもそうでしょうが、私が育った世界も、周囲の人々と、言葉だけで成り立っているようなものでした。その言葉というのも、ほとんどが人間に関することでした。身の回りには自然などないも同然でしたし、花の名前を覚えたり、動物に親しむということもありませんでした。でも、母が友だちや父親とするうわさ話の中に出て来る人たちの、一筋縄では行かない複雑さにはすっかり心を奪われてしまいました。ある人たちは他の人たちよりもいい人で、でも一番いい人でも完璧と言うにはほど遠く、しかし徹頭徹尾《てっとうてつび》の悪人もいません。母の話は皮肉が利いていて、しかも一面的ではなく、いろんな見方ができるものばかりでした。

この頃のことでひとつ、今でも鮮明に覚えていることがあるのですが、このエピソードも豊かな陰影《いんえい》に彩《いろど》られています。あれは確か一九四一年の終わりか、四二年の始め頃、当時ユダヤ人は「ダビデの星」という星の形をした印を身につけなければならず、また夕方六時以降は家から出てはならないことになっていました。その日私はキリスト教徒の友だちの家に遊びに行っていて、帰りが遅くなってしまいました。そこで、茶色のセーターを裏返しにして着て、家までの数ブロックを歩きました。人っ子一人いない道を歩いていると、ドイツ人兵士がこちらに近づいて来るではありませんか。一番気をつけなければならないと言い聞かされていた黒い制服の兵隊でした。黒い制服は、ナチス親衛隊の隊員だったのです。できるだけ早足で脇《わき》を通り過ぎようとすると、その兵隊がじっと私を見ているのに気づきました。そして、なんと私を手招きしたのです。彼は私を抱え上げると、ぎゅっと抱きしめました。裏返しにしたセーターの中の星に気づかれはしないかと、生きた心地もしませんでした。兵士はドイツ語で私に熱っぽく語りかけました。そしてようやく降ろしてくれると、彼は財布を開いて小さな男の子の写真を見せ、いくらかお金をくれました。こうして無事家に帰った私は、母の言うことは本当だという確信をますます深めたのでした。人間というものは止めどなく複雑で興味深いものなのです。

父は最初の大規模なユダヤ人狩りで捕えられ、ユダヤ人根絶のための収容所だったドランシー（パリの北東）に六週間拘禁《こうきん》されました。父は勤め先の会社の介入で釈放されたのですが、これは（つい数年前に読んだある記事で知ったのですが）、一九三〇年代にフランスにおけるファシズム支持者の反ユダヤ人運動を経済的に支えていた主要団体の差し金によるものだったのです。どういうわけで父が釈放されたのか、私にはその後もずっと謎のままなのですが、これにはある美しい女性と、彼女を愛するドイツ人の将軍も絡《から》んでいたとのことです。父が釈放されると、すぐに私たち一家はフランスのビシー（中部）というところに逃れ、比較的安全だったリヴィエラ（西部）にしばらく身を落ち着けました。でも、そこにもドイツ軍が進撃して来たので、またフランス中部へと逃れました。糖尿病だった父は、適切な治療を受けられなかったため亡くなりました。一九四四年、父があれほど待ち望んだ連合国軍によるノルマンディ侵攻、あのDデイ（六月六日）のたった六週間前のことでした。まもなく母と妹と私は自由の身になり、パレスチナにいる家族のところに行く許可が出るのを心待ちにするようになりました。

幼い頃の私は、知的には早熟でしたが、運動はまるでダメな子どもでした。私の運動音痴は相当なものだったと思います。一九四六年、フランスのリセ（日本の高等学校に相当）の八年生の最終学期、当時の体育の先生は、我慢強い自分にも限界というものがあると言って、私の名前を成績優秀者名簿に含めるのを断固として拒絶したほどです。その上私は、かなり思い上がりの激しい子どもでもあったと思います。エッセイ用のノートを作って、そのタイトルに――今思い出しても顔が赤くなりますが、「わが考察の記」と名付けていたくらいです。初めてエッセイを書いたのは、一一歳になる前でしたが、テーマは信仰についての考察でした。「信仰とは、神を心で感じ取ること」（これ以上の真実はありません！）というパスカルの言葉をお墨付きのように引用しながら、しかしこれほど純粋な精神的体験はおそらくなかなか訪れないし、いつ訪れるかも当てにならないから、信仰の興奮をより確実に感じるための代用品として大聖堂やオルガン音楽が作られることになったのだろう、と記しています。こんなことを書く子どもは、なるほどいくらか心理学に適性はあるかもしれませんが、それよりもなんとかして彼に欠けている普通の子どもらしい生活を送らせてやらなければなりません。

# 青春時代

パレスチナに引っ越したことで、私の人生は一八〇度変わりました。一つには、一年留年させられたので、二度目の八年生になったことが大きかったのです。もう私はクラス一番の年少でも、クラス一の弱虫でもなくなりました。それに、友だちもできました。パレスチナに行って数ヶ月もしないうちに、一人ぼっちでエッセイを書くよりもずっと楽しい時間の過ごし方があるのが分かったのです。高校の勉強はそれまでよりずっと面白かったけれども、そう思わせてくれたのは、素晴らしい先生方と、気の合う友人たちがいてくれたからでした。もう自分が特別ではないというのは、私にとっては素晴らしいことでした。

一七歳になると、兵役をどうするか決めなければなりません（イスラエルは国民皆兵制。原則一八歳から男子は三年、女子は一年九ヶ月の兵役有）。私は学校を卒業するまで兵役につくのを延ばしてもらえる部隊を志願しました。こうすると、夏には何年かの間士官学校に通わなければならず、またいくらかでも自分の技能を活かした軍務に服す必要がありました。その頃には、少し迷いはあったものの、もう心理学者になろうと決めていました。一〇代の頃には哲学的な疑問に関心がありました。人生の意味、神の存在、不正を行わないことの理由などに興味があったのです。でも、神は実在するか否かということよりも、人はなぜ神を信じるのかということの方にもっと興味があったし、倫理自体よりも、これは正しい、これは間違っているということに対して人が特有の信念を持つのはなぜか、そのそもそもの原因の方を知りたかったのです。進路相談に行ってみると、一番に勧められたのが心理学、それとそんなに違わないけれども次に経済学と言われました。

それから二年後、エルサレムのヘブライ大学で最初の学位を取りました。専攻は心理学、副専攻が数学でした。数学は、まあ月並みというところでした。特に、当時一緒に学んでいた友だちの何人かと比べれば――その中には、後に世界的な数学者になった人も何人かいるのです。でも心理学は本当に面白かった。一年生の時、社会心理学者のクルト・レヴィン（一八九〇～一九四七。社会心理学の父）の論文に出会い、その生活空間のマップに深い影響を受けました（「生活空間」はレヴィンが人間行動を決定する基本原理として提唱した概念。物理的空間とともに心理的空間も含まれる）。彼の説では、動機というものが、人を外側からいろいろな方向に押したり引っ張ったりして個人に影響を与える力の場として表現されていました。あれから五〇年も経った今でも、プリンストン大学ウッドロー・ウィルソン・スクール公共政策大学院の一年生に、人の行動にどうやって変化を引き起こすかを教える最初の講義には、レヴィンの分析を引き合いに出しています。また私は、はじめて知った神経心理学にも夢中になってしまいました。週に一度、誰もが敬愛するイェシャヤフ・レイボヴィッツ先生（一九〇三～一九九四）の講義がありました――一度など、四一度も熱があったのに、先生の講義に出たことがあります。どうしても聞きたくて、行かずにはいられなかったのです。それから、ある時ドイツの神経外科医クルト・ゴールドシュタイン先生（一八七八〜一九六五。脳病理学者）の特別講演がありました。ゴールドシュタイン先生は、脳に大きな損傷を負った人は、物事を抽象化する力をなくし、具体的なことしか考えられなくなるという説を唱えていました。それに何より面白かったのは、抽象と具体を隔《へだ》てる境界は、哲学者たちが言うようなものではないとしていたことでした。今となっては、ゴールドシュタインの主張にはほとんど裏付けはなかったことは分かっています。しかし当時、神経学的観察による概念的区別をベースにしたそんな考え方にすっかり感激してしまった私は、神経学を学ぶために医学部に転部しようと真剣に考えたほどでした。しかし当時近所に住んでいたハダッサ病院の神経学部長に相談すると、これから神経外科医として開業するつもりでもなければ、医学の勉強はあまりにもたいへんだと言って、賢明にもそんな計画を思いとどまらせてくれました。

## 軍隊経験

一九五四年、私は少尉《しょうい》として招集され、小隊長として波瀾万丈《はらんばんじょう》な一年を過ごした後、イスラエル国防軍の心理学部門に配置転換されました。そこでの任務の一環として、時折、訓練プログラムのための少尉候補生の評価に参加することになりました。私たちは第二次大戦当時英国陸軍が開発した方法を使っていました。リーダーのいないグループでの課題に関するあるテストがあり、そのテストでは、それぞれの階級章をすべて取り、番号だけが分かるようにされた八名の候補生たちが、まず地面に寝かせて置いてある電柱を持ち上げるよう指示されます。それから、その電柱を持って障害物、たとえば二・五メートルの高さの壁の前に連れて行かれ、電柱が地面にも壁にも触れることなく、また彼らの誰も壁に触れることなく、壁の向こうに持って行くように指示されるのです。もしこういう決まりを一つでも破れば、それを申告し、はじめからやり直さなければなりません。私たち心理学部門から二人が立ち会って、彼らの課題実行を観察するのですが、完了までに三〇分以上かかることもざらでした。私たちはそこで候補生たちの性格がどんなふうに表れるかを見ていたのです。実にさまざまな性格が現れました。真のリーダー、忠実な部下、空威張りだけの者、臆病者――ありとあらゆる性格が現れます。こういったストレスのかかる場面では、兵士の本当の性格がおのずから現れるはずであり、将来誰が良いリーダーになり得るか、誰がものにならないかが分かると考えられていたのです。

しかし問題は、実際にはそんなことはまったく分からなかったということでした。ほぼ毎月のように「統計の日」がありました。その日には士官訓練校からフィードバックが来て、われわれが出した候補者の潜在能力の評価がどの程度正確だったかが示されるのです。結果はいつも同じでした。われわれが学校で出した将来の実績予測は、無視するに足るほどのものだったのです。それでもその翌日には、またしても別の候補生の一団が障害物のフィールドに連れ出され、われわれは壁の前で彼らの本性が現れるのを待つという具合でした。統計の結果と、事実の観察結果から得られた経験のもっともらしさの間にひとかけらの関係もないことを痛感した私は、これを表すために「妥当性の錯覚[*1]」という用語を作ってしまいました。それからほぼ二〇年後、この用語は専門文献に記されることになります[14]。これが私の発見した最初の認知的錯覚でした。

この妥当性の錯覚と分ち難く結びついているのが、候補者たちを観察してわれわれが話し合った際のもう一つの特徴、つまり、候補者の将来の業績について、ほんのわずかな行動のサンプルに基づいて極端な予測をしたがるということです。実際は、「したがる」ということが問題になることすらありません。どこまでが予測でどこまでが観察かもはっきりしないからです。グループがトラブルに陥った時リーダーシップを発揮し、その時点でリーダーとしてチームが壁を超えられるよう導いた兵士がいたとして、彼が士官訓練、もしくは戦場でどんな行動をするか予測するならば、おそらく単純に、今やってみせたのと同じように将来もきっと良いリーダーになるだろうと答えるはずです。それ以外の予測は事実と矛盾するように思えたのです。しかし、このことについてはっきり理解できたのは、それから数年後、統計学を教えるようになってからでした。予測は、そもそも予測の基となった情報よりも極端であるはずはないという考え方は、直感とはまったく相容《あいい》れないものなのです。

直感的予測というテーマに再び出くわしたのは、部隊で大きな任務を与えられた時でした。全部隊の新兵に対して、不適応者をふるいにかけ、また兵士たちを特定の任務に配置できるような面接方法を編み出すことを命じられたのです。数人の面接官による面接はすでに行われていました。面接官のほとんどが、自分自身もエリート高校を出たての若い女性でした。彼女たちは精神測定でずば抜けた結果を出し、また心理学に関心があるという基準で選ばれていたのです。面接官は、新兵について総合的な印象をまとめた上で、その新兵が戦闘部隊でどの程度の働きができるかについて、総合評価を下すことを求められます。ここでも、妥当性の統計を取ってみると、結果は惨憺《さんたん》たるものでした。われわれが関心を持っていたどの基準をとって見ても、面接官の評価はお世辞にも将来を正確に予測しているとは言えないものだったのです。

私の任務は二つ。まず、ある特定の戦闘業務に、それ以外の戦闘業務よりも向いている性格的な傾向があるかどうかを解明すること、次に、そうした性格的傾向を見つけ出すためにはどんな面接をすべきかのガイドラインを開発することです。最初の任務を遂行するために、歩兵《ほへい》隊、砲撃隊、装甲《そうこう》隊といった部隊を訪ね、それぞれの部隊に所属する兵士の実績について総合的評価を集めると同時に、いくつかの性格に関する特徴の評価も集めました。実にお先真っ暗

＊1　妥当性の錯覚（illusion of validity）　結果の予測に関して、観察結果に整合性があるように見えるなどの理由によって、誤った判断への確信が強化されてしまう現象のこと。

な任務だったのですが、当時はそれに気づいてすらいませんでした。怪しげなハンドルのついた手動式モンロー計算機（米国モンロー社製）を使って、何週間も何ヶ月も複雑な分析を続けた挙げ句、私は多属性異分散（属性が多岐にわたり比較する群の分散が異なる）データ分析の統計的手法を編み出し、それを使ってさまざまな部隊の心理学的要件について複雑な解説を作り出しました。私自身もこの機会を大いに活用したのですが、私が大学院で師事した教授の一人で、著名な人事心理学者エドウィン・ギセリ（一九〇七〜八〇）にとってもこの手法は論文にするに足る魅力があったらしく、おかげでこれが私にとって初めて発表された論文になりました。これが、その後生涯に渡って予測と記述の統計に関心を持つようになったそもそもの始まりでした。

こうして、基準値として使うための性格の統計データを考案したわけですが、今度は面接によって将来を予測できるような方法をひねり出さなければなりません。一九五五年のことで、ちょうど、ポール・ミール（一九二〇〜二〇〇三。心理学者）の古典的著書「臨床《りんしょう》的予測 対 統計的予測」[32]が出た翌年のことでした。この本でミールは「臨床的予測は常に数理的予測に劣る」としています。おそらく誰かがこの本を読むように勧めてくれたのだと思いますが、確かに本書には大きな影響を受けました。私は一般市民としての生活のさまざまな面についての一連の質問を考え、組織的な面接スケジュールを開発しました。面接官たちはこれを使って、性格の六つの面について評価を下します（これにはたとえば、思い出す限りでは、「男としてのプライド」とか「義務感」といったようなことも含まれていました）。するとまもなく、私に対してほぼ反乱と言っていいような事態が持ち上がってしまいました。自分の臨床技術にプライドを持って面接を行ってきた面接官たちは、まるで自分たちが脳なしのロボットにされてしまったように感じたのです。「あなた方はただちゃんと信頼されるように振る舞ってください。結果が正しいかどうかは私に任せて」という自信たっぷりな私の宣言には、まったく説得力がありませんでした。というわけで、私の方が折れました。私の開発した六つの評価を指示通り終えたら、新兵の潜在能力に関する総合評価を行い、各自好きなやり方で臨床判断を下して構わないと言ったのです。数ヶ月後、新兵の実績評価を基準にした初めての妥当性データが出ました。その妥当性は、それまでのものに比べてかなり高いものでした。確か、それまでの方法の妥当性が〇・一〇だったのに比べ、〇・三〇近い相関《そうかん》*2を達成したと思います。これで分かったことの中でも一番役に立ったのは、周到《しゅうとう》に組み立てられた面接を終えた後に面接官が出した総合評価が、それまでに出したどの評価に比べても飛び抜けて的を射ていたことです。信頼されるべく努力したことによって、彼らは効果を上げることができたのです。当時悪戦苦闘した難題は、ずっと後にな

*2　相関《そうかん》　たとえばXとYの二つの変数があり、Xが大きくなればYも大きくなる（Xが小さくなればYも小さくなる）とき、これを「正の相関がある」と言う。逆にXが大きくなればYが小さくなる（Xが小さくなればYが大きくなる）とき、これを「負の相関がある」と言う。正の相関の度合いは〇《ゼロ》～一の間の数値で表され、負の相関の度合いは〇《ゼロ》～マイナス一の間の数値で表される。

ってエイモス・トヴェルスキーと私が発表することになった直感的予測の心理についての論文の種子になりました。

この時開発した面接システムは、その後わずかに改訂されながらも、何十年もの間使われ続けています。たった二一歳の中尉が、陸軍の面接システム開発を任されるなんておかしいと思われるかもしれませんが、当時はイスラエルという国も、その国家機構も、建設されてたったの七年だったことを思い出していただければきっとお分かり頂けると思います（イスラエルは一九四八年建国）。何もかも行き当たりばったりで作り出すのが当たり前、訓練を受けたプロの仕事など望むらくもなかったのです。私の直属の上官は分析力に優れた人で、化学の教育を受けた人でしたが、統計学や心理学はまるっきり独学でした。というわけで、心理学の学士号を持っていた私は、軍では最高の訓練を受けたプロの心理学者だったのです。

## 大学院時代

一九五六年、私は軍での仕事を終えました。ヘブライ大学の教育計画担当者たちは私に、外国で博士号を取得し、帰国して心理学科で教職に就《つ》けるように、特別研究員としての奨学金を支給することを決めてくれました。でも、より大きな世界に立ち向かう前に、少しは腕を磨《みが》いておくようにとも言われました。しかし当時心理学科は一時的に閉鎖されていたので、それから一年間は哲学の授業をいくつか取り、少しは研究もし、心理学書を読んで独学しました。一九五八年一月、妻のアイラと私はサンフランシスコ空港に降り立ちました。今や著名な社会学者のアミタイ・エツィオーニが迎えに来てくれていて、私たちをバークレー（カーネマンの留学先であるカリフォルニア大学バークレー校の所在地）に連れて行ってくれました。行く先はユニバーシティ・アベニューのフラミンゴ・モーテル。こうして私の大学院生としての生活が始まりました。

大学院での私の経験は、今日の学生の生活とはずいぶん違ったものでした。まず、何よりも大事なのは試験で、心理学のすべてを網羅《もうら》した○×式のテストもありました（「潜在学習に関する研究に当てはまらないものは、以下のうちどれか？」というような質問の後に、古典的研究の名称がずらずらと続くというようなものが思い出されます）。型通りの実習のようなものにはあまり重きが置かれず、また院生の間は論文を出すというプレッシャーとはほとんど無縁でした。かなりの数の授業を取り、読むものも多岐《たき》に渡りました。口頭試問の時、ソール・ローゼンツァイク先生（一九〇七～二〇〇四。心理学者）に言われた言葉を今も覚えています。教授は、君は今の状況をうんと楽しまなければならない、心理学についてこんなに多くのことを知っているなんて今だけだからね、とアドバイスしてくれたのです。まったくその通りでした。

私は気の多い学生でした。リチャード・ラザルス（一九二二～二〇〇二。心理学者）のサブリミナル知覚についての講座を一つ取り、ラザルスと共に知覚表象の時間的推移について推察に基づく論文を書きましたが、これが却下されたのはなんとも適切かつ正当極まることでした。でもこのテーマのおかげで、私は視覚の技術的側面により関心を持つようになり、しばらくトム・コーンスウィート（心理学者。錯視・錯覚の研究で有名）のもとで光学台について学んだこともありました。臨床の講義も聴講し、ジャック・ブロック、ハリソン・ゴフ（いずれも心理学者）から適性検査について学びました。哲学科ではウィトゲンシュタインについての講座も取りました。特別何がやりたいということもなくあれこれをかじり、そうすることが楽しかったのです。

この頃、学問の上で一番意義深い経験をしたのは、実は大学院ではありませんでした。一九五八年の夏、妻と私はアメリカ大陸を車で横断し、マサチューセッツ州ストックブリッジにあるオースティン・リッグス・クリニックに数ヶ月滞在しました。ここで私は、高名な精神分析理論学者ディヴィッド・ラパポート（一九一一〜一九六〇）のもとで学びました。数年前彼がエルサレムを訪ねた折りに知己《ちき》を得ていたのです。ラパポートは、精神分析には、記憶と思考に関する妥当な理論の要素があると考えていました。その理論の核心は、フロイトの『夢判断』の、心のエネルギーのモデル（カセクシス）（心的エネルギーが一定の対象や観念などに向けられること。充当）の概略を述べている第七章に説明されているというのです。ラパポートのもとに集まった他の若者たちと一緒に、私もその章を、まるでそれがユダヤ教典であるかのように熱烈に学び、そこから短期記憶についての実験予測を懸命に引き出そうとしました。素晴らしい経験で、もしその年のうちに、ラパポートが急死しなければ、またあそこに戻っていただろうと思います。ラパポートの猛烈に激しい気性を、私は心から尊敬していました。あの夏から一五年後、私は『注意と努力（Attention and Effort）』と題する本を出版し、その中で、限りある資源としての注意の理論にも触れています。この本の謝辞を書く段になってようやく、ラパポートが初めて私を導いてくれた分野に立ち返ったことに気づいたのでした。

オースティン・リッグスは精神分析学における知的拠点で、主として機能不全に陥った裕福な家庭の子女の治療に取り組んでいました。私は症例検討会への出席を許されていました。これは通常金曜日に行われ、クリニックに一ヶ月間入院して観察されている患者を診断するというものでした。出席者には前日の夜に、すべての部局から当該患者について詳細を記したメモのフォルダが渡され、事前に読んでおくことになっていました。検討会ではスタッフがそれぞれの受けた印象を活発に交換します。その中には、あの伝説のエリク・エリクソン（一九〇二～九四。心理学者。「アイデンティティ」概念の提唱者）の姿もありました。それから当該患者が呼び出されて出席者全員で面接をし、続いて丁々発止《ちょうちょうはっし》の白熱した議論が行われました。ある金曜日にも、前夜、当の患者が自殺してしまっていたのにもかかわらず、症例検討会は通常通り行われました。その時には、驚くほど率直でオープンな議論が行われました。ことに自殺という事態が、振り返って考えてみてもけっして避けられなかったという強烈な感覚と、しかしながらこの事態を予見できなかったという明らかな事実との間の葛藤が議論の焦点になりました。この認知的錯覚も、理解すべき問題でした。それから何年も後になって、私とエイモス・トヴェルスキーの指導の下、バルーク・フィッシュホフ（心理学者）が後知恵《あとぢえ》効果をテーマにした素晴らしい博士論文をものしています。

一九六一年春、私は意味尺度法*3における形容詞間の関係に関する統計的および実験的分析についての博士論文を仕上げました。この論文のおかげで、私はお気に入りの二つのことを追求することができました。一つは複雑な相関構造に関する研究、そしてもう一つはＦＯＲＴＲＡＮ言語によるプログラミングです。私が書いたプログラムの一つは、大学の大型汎用《はんよう》コンピュータにかけると二〇分で走り、これに使った七つのテープ装置の動きを見れば、ちゃんと動いているかどうかが分かりました。論文は、当時コピーを取るのに使われていた紫色の「複写」シートに直接打ち込むというやり方で、八日間で書き上げました。何の苦もなく何かを書き上げたという経験は、おそらくあれが最後だったでしょう。でもそんな楽しい経験とは裏腹に、論文自体の出来は、おそろしく複雑で退屈極まるものでした。これを読んだ担当教官のスーザン・アーヴィン（心理学者・社会言語学者）に、「どろどろのぬかるみをのたうちながら歩いているみたい」だと言われたのは、いまだに忘れられません。一九六一年の夏は眼科学部で曲線干渉《かんしょう》を研究して過ごしました。そうしているうちに、エルサレムへ帰って、ヘブライ大学心理学科で教職に就《つ》くべき時が来ました。

## プロになるためのトレーニング

学部の学生に教えるのは好きでしたし、教えるのも得意でした。教えるという経験がいつも愉快だったのは、学生たちが非常に優秀だったからです。学生たちは圧倒的な競争率の入試を勝ち抜いて来ていました。ほとんどは博士課程の教材と言ってもおかしくないほどのレベルの入試を経て選ばれてきていたのです。私は一年生の基礎的な統計学の講座を受け持ち、それから数年間はこの講座と、それからこちらも大量の統計を扱う二年生のリサーチ法のクラスを受け持ちました。教育効果を上げるために、活用することができる妥当な直感と、学生に対して克服するように教えるべき誤った直感について、よく真剣に考えたものです。もちろん、当時はそんなことは夢にも思いませんでしたが、不確実な状況下での判断に関する研究計画の基礎が築かれたのはその時だったのです。もう一つ受け持った講座は知覚心理学に関するもので、これも研究計画に直接大きく貢献するものでした。

＊3　意味尺度法　あるものが、どのようなイメージでとらえられているかを知るために、相反する形容詞（「暖かい」と「冷たい」など）を評価軸の両極において、実際のイメージが両極間のどのあたりに位置づけられるかを心理的に計測する方法。

バークレーでは多くを学びましたが、これから研究をして行くために十分な訓練はまだできていないと感じていました。そこで、基礎的な技術を獲得するために、適切な研究室を持ち、正規の科学を行う必要がありました。一流シェフになる前に、まずはどんなに簡単でもちゃんと料理を作れるコックになるための修行をしなければならないということです。そこで私は視覚研究室を立ち上げ、それから数年間、視力のエネルギー統合に関してそれなりの要求水準に達した仕事ができたと思います。同時に、子どもが親和感情（他人に近づいて好意を交わし合おうとする感情）を抱く動機についての研究計画の開発にも着手しました。これには、私が「一つだけの質問による心理学」(psycology of single questions) と呼ぶアプローチを使いました。この種の心理学で私がモデルにしたのは、ウォルター・ミッシェル（心理学者）が報告した研究[34][35]で、この中で彼は、こんな二つの質問を考案して、サンプルとして選んだカリブ海地域の島々の子どもたちに投げかけました。一つは、「このペロペロキャンディ（小さい方）を今日あげてもいいし、こっちのペロペロキャンディ（大きい方）を明日あげてもいいけど、どっちがいい？」。そしてもう一つは、「何でもできる魔法使いがいることにしよう……君がなりたいもの何にでもしてくれるんだ。だとしたら、君は何になりたい？」。二番目の質問に対する答えが、職業もしくは何かを達成することに関連した特徴を持つものであれば、スコアは一、そうでなければスコアは〇《ゼロ》となります。この可愛らしい質問への答えによって、その子どもの持つ数えきれないほどの特徴と、その子の生育環境に十分に妥当な相関性があることが分かったのです。これにはたいへん刺激を受けました。ミッシェルは心理学上重要な概念と、それを評価する簡単な実施方法とを結ぶリンクの開発に成功したのです。当時は（今もですが）このようなものは心理学にはほとんどありませんでした。心理学での概念は普通、長たらしいリストか、複雑な散文をいくつも連ねてようやく描き出すことができるものと思われていたのです。

私自身も、「一つだけの質問」による研究でかなり良い結果を得られたのですが、それを論文にはできませんでした。自分でとてつもない基準を定めてしまったからです。その基準というのは、論文にひとかけらの曇りもないように、少なくとも一回は、細部に至るまで完璧に結果を再現できた研究結果だけを書こうと決めたからです。でも、再現結果は常に完璧とは呼べないものでした。徐々に分かって来たのは、私のやろうとしていることにはもっと統計的パワーが必要で、つまり、私が直感的に実行したいと思ったよりもずっと多くのサンプルが必要だということでした。駆け出しの頃の私の研究業績は退屈極まるものでしたが、それでも心理学を現実の世界に影響を与えられるところまで持って行けるチャンスをいくつか得て、わくわくしていました。こうした仕事のために、私は同僚で友人でもあるオゼル・シルト（一九三〇〜二〇〇六。心理学者・社会学者）とタッグを組みました。二人で、たとえばイエメンなどの発展途上国からの新たな移民に、近代農業の手ほどきを担当する政府職員のための訓練プログラムを考案しました[12]。また、空軍航空学校の教官のための訓練コースの開発も手掛けました。心理学は実際の役に立つものというわれわれの信念はたいへん大きかったのですが、それでも制度や、やる気を起こさせる動機の部分が変わらないのに、行動を変えるということがどんなに難しいかは良く分かっていました。まあ少しはものの役に立つこともできたかもしれませんし、たいへん多くを学びました。

私が研究の上で「これだ!」という発見の満足を得たのは、航空学校の教官を教えていた時のことでした。その時、技術の習得を促すには、罰するよりも褒《ほ》めることの方が効果的であることが分かったのです。このことについて私が熱烈なスピーチを終えると、聴衆の中で一番年期の入った教官の一人が手を挙げて、彼の方も短いスピーチを始めました。まず、もしも相手が鳥ならば、エサをやって躾《しつ》けるのも可能だろうと認めた上で、しかし飛行士候補生たちに対してはそういう方法が最善とは言えないと否定しました。「これまで私は何度となく、難度の高い曲芸飛行を見事にやり遂げた飛行訓練生たちを褒めてきましたが、もう一度同じことをやらせてみると、二度目は概して初回よりも出来がよくない。一方で、出来の悪い時に叱《しか》り飛ばすと、次はうまくやることが多いんです。ですから、褒めることには効果があって、罰するのには効果がないなどと言わないで頂きたい。実際には逆であることが多いのですから」。これは喜ばしい瞬間でした。この時私は、この世の大事な真実を理解したのです。つまり、われわれは他者が良くやった時に褒め、しくじった時に罰を与えがちであるということ、それと同時に平均への回帰（平均から極端に外れている値は、次回にはより平均に近い値をとること）という現象があることによって、統計的に見ると、他者を褒めたことによって罰を被り、逆に他者に罰を与えたことによって報われるということが、人間の条件の一端だということです。私はその場ですぐにデモンストレーションをしてみました。参加者それぞれが、自分の背後にある的に向かって二つのコインを投げます。結果がどうだったかは知らされません。的とコインとの間の距離を測ってみると、最初に投げた時にもっともうまく行った人は、二度目の結果は悪くなり、逆に一度目悪かった人は二度目には良くなっていました。でも、たった一度デモンストレーションした位で、誰もが生涯に渡って経験してきたへそ曲がりな偶然の結果の効果を帳消しにできるわけがないことは分かっていました。

　はじめて本当に研究成果が出たと感じたのは、一九六五年、特別研究休暇を与えられてミシガン大学を訪れていた間のことでした。ここに研究室を持っていたジェリー・ブラム（心理学者）が呼んでくれたのですが、そこではボランティアの参加者たちが、催眠によって強烈な感情を引き起こされた状態で、さまざまな認知的作業を行っていました。瞳孔《どうこう》が拡張することが、感情の高ぶりを示す兆候の一つなので、私は瞳孔の大きさの変化の原因とその結果に興味を持つようになりました。ブラムのところにいた院生の一人が、ジャクソン・ビーティ（現カリフォルニア大学ロサンゼルス校名誉教授。心理学者）でした。ビーティと私は原始的な装置を使って、真の発見をしたのです。それは、人が何桁《けた》もの数字を耳で聞いて覚えなければならない時、数字を聞いている間には瞳孔は徐々に開いて行き、それを復唱している間には徐々に収縮して行くということです。もっと難しい変換（四桁の数字のそれぞれに一ずつを足して行く）をすると、瞳孔はさらに大きくなりました。われわれはこの結果をすぐに発表し、一年以内に四本の論文を仕上げ、そのうち二本が「サイエンス」誌に掲載されました。翌年はハーバードで過ごしましたが、その間も相変わらず、私は精神的努力に関する研究に集中し続けました。その年、イギリス心理学会のスターだったアン・トリーズマン（現プリンストン大学教授）という心理学者の、注意に関する実験的研究の素晴らしい講演を聞きました。それから一二年後、彼女は私の妻になったのですが。あまりに感銘《かんめい》を受けたので、私自身もある認知心理学ハンドブックに、注意に関する一章を書いたほどです。その章は、最終的にはまあ野心的と言える一冊の本になりました。また、その年に行った視覚に関する仕事は、以前エルサレムでやったものよりも面白いものでした。一九六七年に故郷に戻った私は、ついに十分な訓練を積んだ科学的研究を専門とする一人前の心理学者になったのです。

## エイモス・トヴェルスキーとの共同研究

一九六八年から一九六九年にかけて、大学院生を対象に、実世界の問題に心理学を応用するためのセミナーを行いました。私は若い同僚のエイモス・トヴェルスキーに、彼の専門である判断と意思決定の分野での新しい動きについて、私のクラスで話をしてほしいと頼んだのですが、これが後に人生を変える出来事になりました。その時エイモスは、以前の師であるウォード・エドワーズ（一九二七〜　心理学者。行動意思決定理論の創始者）の研究について話してくれました。エドワーズの研究室では、被験者にポーカーのチップを詰めた二つのバッグを見せるという研究パラダイムを使っていました。二つのバッグには、色の違うチップが異なる割合で入っていると告げられます（一つには白が七〇個で赤が三〇個、もう一方には白が三〇個で赤七〇個等）。バッグのうちの一つがでたらめに選ばれ、続いて被験者はそこから見本を取る機会を与えられます。サンプルを取るたびに、それが赤の多いバッグから出した可能性を答えるよう求められます。この結果からエドワーズは、人というものは「保守的なベイジアンである」[*4]と結論づけています。つまり、「信頼区間（confidence interval）（確率分布を示す数値がどの範囲にあるかを示す指標）をほとんど常に正しい方向に調整するが、区間が十分に遠いことはほぼ皆無」というのです。エイモスの話のおかげで、活発な議論が交《か》わされました。人間が保守的なベイジアンという考え方は、日常見られるような、すぐに結論に飛びつく普通の人の行動とは相容《あいい》れないような気がしました。また、逐次《ちくじ》標本《ひょうほん》抽出《ちゅうしゅつ》パラダイム（標本（サンプル）が抽出されるたびに推定する方法）で得られた結果が、サンプルデータが全部いっぺんにもたらされるよう

＊4　ベイジアン　確率を求める際に、その方法の一つであるベイズ確率を採用する人をベイジアンという。ベイズ確率においては、客観確率（物事が起こる客観的な頻度）のみならず、主観確率（もっともらしさ）をも勘案して確率が求められる。

な、おそらくはもっと普通の状況にそのまま当てはまるとも思えませんでした。もう一つ、「保守的なベイジアン」という名称は、正しい答えに到達するまでのプロセスに非現実的なイメージを与えてしまい、そのことによってバイアスがかかってしまうとも思いました。最近知ったのですが、エイモスの友人の一人が、この日彼と会って、彼と私との間で交わした話のことを聞いたと言うのです。それによると、それまでエイモスの抱いていた新ベイズ統計学の考え方への信頼が、この日激しく揺らいだそうでした。私の記憶では、あの時エイモスと私は昼食を共にすることにして、そこで確率が「真に」判断されるそれぞれの直感的方法について話し合おうということになったと思います。その折り、私たちは、この領域で繰り返し起きる判断ミスについてそれぞれの意見を交換し、熟練者が持つ統計的な直感について研究することにしたのです。

一九六九年の夏は、イギリスのケンブリッジにある応用心理学研究ユニットで過ごしました。エイモスはアメリカに行く途中、数日の間立ち寄ってくれました。私は統計をとる際の初期値の重みづけの違いによる結果の変動と統計の検出力に関する直感についてのアンケートの草稿を作っておきました。アンケートの大部分は、誤った研究計画と失敗に終わった検証について、私自身が経験したことに基づくものでした。アンケートの質問事項はそれぞれ独立した一連の質問になっていて、これもまた「一つだけの質問による心理学」を試そうという試みでした。

エイモスは数理心理学会の会議出席者にこのアンケートを実施し、数週間後、私たちはエルサレムで会って結果を考察し、論文を仕上げました。

それはまるで魔法のような素晴らしい経験でした。共同研究は前にもやったことがありましたし、楽しかったのですが、これはまったく別物でした。エイモスを知る人たちはよく彼のことを、これまでに出会った中でもっとも頭のいい人と評していました。しかし彼は頭がいいばかりでなく、人を笑わせるのがとんでもなく上手で、いつでもその場の雰囲気にぴったりのジョークをとめどなく連発するのです。彼と一緒にいると、私自身も愉快な気分になり、おかげで私たちはいつも陽気に笑い合いながら、何時間もかけて密度の濃い研究を続けることができたのです。二人で書いた論文は、意図的にユーモアたっぷりのものになりました。われわれは「少数の法則」[*5]という一般的な思い込みを説明しました。この思い込みでは、「大数の法則」[*6]が小さな数にも及ぶのです。ユーモラスな論文を書いたのはこの時だけですが、われわれの共同研究はその後も楽しみに溢《あふ》れたものでした。私が人生で笑った回数のたぶん半分以上は、エイモスと一緒にいた間のことだと思います。

＊5　少数の法則　ほんの少数のサンプルによる結果から、一般的傾向を引き出してしまうこと。
＊6　大数の法則　サンプルの大きさが大きくなるにつれて、そのサンプルの平均は、全体（母集団）の平均に近づく、という法則。たとえばサイコロを振る場合、回数が少ないときにはどれかの目に偏る可能性があるが、回数を重ねるほど、それぞれの目が出る確率が六分の一に近づく。

楽しいだけでなく、論文を書くことに関してそれまで私がぶつかって来た難題のことごとくに、エイモスが対処法を持っていることもすぐに分かりました。超人的な方向感覚を持つエイモスには、行ったり来たりしてぐるぐるのたうち回るような論文などあり得なかったのです。彼と一緒なら、常に前進あるのみでした。進行速度は速くはないかもしれませんが、次々と果てしなく書き直される草稿は、その度に着実に改善されて行くのです――私一人では、とてもこうは行きません。エイモスの仕事は、常に自信と明晰《めいせき》なエレガンスを特徴としていました。そうした特徴が、今や私自身のアイデアに付与されているのを見るのは、喜ばしいことでした。私一人で書けば、おそらくはずっとおずおずとした書き方になっていたものが、彼と共著することによってはるかに優れたものになるのです。このことには、最初の論文を書いている頃からすでに気づいていました。彼の方がなぜわれわれの共同作業を好んだのかは、はっきりとは分かりません――お互いを褒め合うようなことはほとんどなかったので――でも、彼の方も楽しんでいたのは間違いありません。われわれは二人で一つのチームで、一〇年以上に渡ってその状態を保っていました。ノーベル賞は、われわれがそんな緊密な協力関係にあった間に作り上げたものに対して贈られたのです。

協力を始めた当初から、われわれはあるリズムを作り上げ、それはわれわれが共同研究をしている間ずっと続きました。エイモスは夜に強かったのですが、私は朝方人間でした。だからランチで顔を合わせ、それから午後中ずっと一緒に過ごしても、まだ別々の仕事をする時間はあったのです。毎日長い時間、ただただお喋《しゃべ》りをして過ごしました。当時まだ一歳三ヶ月だったエイモスの長男のオレンは、パパはお仕事中だよと言われると、「そうかパパはダニーとおしゃべりね」とのたまったものです。もちろん、仕事の話ばかりしていた訳ではありません。森羅万象《しんらばんしょう》すべてについて語り合い、相手の頭の中を自分の頭の中と同じように熟知するほどになりました。相手の言っていることの結末を言うこともできたし（実際に良くやりましたが）、お互いの言わんとしている冗談を先取りして言ってしまうこともできました。それでも、どういうわけかお互いを驚かせ続けることができたのです。

アンケートや論文の草稿を作ることも含めて、われわれの共同研究のほとんどは、物理的に一緒にいる間に行われたものです。はっきりとした仕事の分担を決めることはしませんでした。意見の相違があれば、お互いに納得する解決が得られるまで徹底的に話し合うというのが、われわれの方針でした。二人の間の均衡《きんこう》を破って構わないのは二つの点についてだけ——一つは、ある文献を参考文献一覧に含めるべきかどうかについて（これはエイモスが決定権を持っていました）、もう一つは、どちらが英語の文法に関する問題を決めるか（こっちは私の領域でした）。当初は第一著者、第二著者というような考えすらなかったので、最初の論文を書いた時にコインを投げてどちらの名前を先にするかを決め、その後は論文を書くたびに、かわりばんここに名前を後先にしていました。これが、一九八〇年代に二人の共同研究のパターンが変わるまで続きました。一つには、こういうやり方で仕事を進めていたので、われわれのアイデアはすべて二人の共同所有だったということがあります。私たちはとても緊密かつ頻繁《ひんぱん》にやり取りしていて、アイデアを生むことになった議論と、それを口に出すこと、それからそれに関して努力を続けることを区別してもまったく意味はなかったのです。研究者の中には、あるアイデアを口に出して（場合によっては論文まで書いてしまって）から、ずっと後になってようやくその重要さが理解できたという経験のある方がたくさんおられると思います。新しい考えの真価を認め、進展させるのには時間がかかるものです。私たちが共同研究をする中で何よりも楽しかったのは――それに、たぶんそれが成功した原因の多くは――私たち二人が、お互いの頭の中にあるアイデアの芽を敷衍《ふえん》して練り上げて行くことができたからでしょう。私が半分しかまとまっていないアイデアを口にしても、エイモスは必ず分かってくれ、しかもおそらく私自身よりも明確に理解し、何か取るべきところがあれば拾《ひろ》い上げてくれるに決まっています。ほとんどの人がそうだと思いますが、私も、生煮《なまに》えの考えを他人に披露することには慎重です。まずはそれが馬鹿げていないかどうかをきちんと確認したいのです。でも、エイモスとの共同研究がいちばん波に乗っている頃は、そんな用心深さなどまるっきりありませんでした。お互いに対する信頼と、自分の立場を守ろうなどと考えもしない完璧に無防備な姿勢を実現できたのは、実に稀有《けう》なことでした。われわれは二人とも、特にエイモスの方は、手厳しい批評を下すことで有名だったからです。しかしわれわれの魔法は、二人きりの時にだけ効力を発揮するものだったのです。私たちはすぐに、共同研究に誰か第三者を入れてはならないことを学びました。三人になると、私たちは競い合ってしまうからでした。

　エイモスと私は、金の卵を産むガチョウを共有するという奇跡を分かち合いました……私たちの頭脳は、一つ一つ別々に働くよりも、一緒に機能する方がより効率的に働いたのです。統計記録を見ても、私たちが別々にやった仕事よりも、共同作業の方が優れていた、あるいは、少なくともより影響力があったことは明らかです[30]。エイモスと私の共同作業のピーク時（一九七一〜一九八一）には八本の学術論文を発表しており、うち五本は、二〇〇二年末までに一〇〇〇回以上引用されています。一方、われわれが別々に書いた論文は二〇〇本ほどありますが、その中でこの域を超えるのは、類似に関するエイモスの論文[43]と、注意に関する私の本[13]の二本だけです。われわれの共同作業が特殊なスタイルであることには、ごく早い段階で、最初の理論論文（代表性（P57訳注＊9参照）についての論文）の審査員の一人がすでに気づいており、そのせいでこの論文は「サイコロジカル・レビュー」誌への掲載を却下されました。この批評を書いた著名な心理学者は——匿名《とくめい》でしたが、何年も後で名前も明らかになりました——エイモスと私それぞれの研究の流れについては熟知しており、どちらもたいへん尊敬すべきものだと思うと述べていました。しかしたいへん異例なことに、彼はこんな論評を付け加えました。曰く、この二人はお互いのもっとも悪いところを引き出し合っているようで、共同研究などもっての他であると。彼は「一つだけの質問」を複数使うというわれわれのメソッドをもっとも好ましからざるものと指摘しました。しかし、この点でも彼は間違っていたのです。

## 一九七四年「サイエンス」誌の論文と合理性論争

一九七一年から一九七二年にかけて、エイモスと私はオレゴン州ユージーンにあるオレゴン研究所（ORI）に籍を置いていました。私の人生の中で、この期間ほど創造的だったことはありません。われわれは、利用可能性ヒューリスティック、[*7] 予測の心理、アンカリング効果と自信過剰の現象について、おそるべき量の研究を行い、論文を書き、おかげで同僚の皆がわれわれに付けた「ダイナミック・デュオ」の敬称を不動のものにすることにもなりました。寝る間も惜しんで研究を続け、私は前年に出版された『注意と努力（Attention and Effort）』を全面的に書き直しました。これは私単独のものとしてはいまだにもっとも大きな心理学上の貢献となっています。

ORIでは、エイモスがミシガンでの学生時代からつき合いのあった、ポール・スロヴィック、サラ・リヒテンシュタイン、ロビン・ドウズ（いずれも心理学者で意思決定論の発展に大きく貢献）という素晴らしい研究者仲間と初めて知り合うことができました。ここにはルイス・ゴールドバーグ（心理学者）もいて、彼の臨床と保険数理上の判断からは多くを学びました。また、ポール・ホフマン（心理学者でORIの創設者）のパラモーフィック・モデリングのアイデアからも多くを学びました。当時ORIは判断の研究における主要な研究所の一つだったので、この分野の重鎮が数多く訪れており、おかげで私もずいぶん大勢とお会いすることができました。ケン・ハモンドもその一人でした。

ユージーンから戻ってしばらくの間、エイモスと私は、それまでに分かった判断に関する三つのヒューリスティックス（代表性、利用可能性、アンカリング）と、これらのヒューリスティックスに伴う幾多のバイアスのリストについて、じっくり見直しました。この年はたった一本論文を書く以外ほとんど何もしませんでしたが、楽しい一年でした。通常は二人で午後を一緒に過ごし、一つ二つでもセンテンスが進めば、もうそれで上出来な一日なのでした。このプロセスが楽しくて仕方がなかったので、いくらでも際限なく根気よくなれましたし、言葉の一

＊7　利用可能性ヒューリスティック　ヒューリスティックス（P57訳注＊9参照）の一種。物事の起こる頻度や確率を推定する際に、利用可能性が高い（入手しやすい、想起しやすい）情報を基に推定をすること。たとえば、溺死《できし》と火災による死亡では日本ではどちらが多いかという質問に、たいていの人は火災による死亡と答えるが、実際には溺死のほうが多い。このような誤った推定をしてしまうのは、火災による死亡に関する情報は報道されることが多いなどの理由で利用可能性が高い（入手しやすい、想起しやすい）ため確率も高いと判断するからと考えられる。

つ一つをすべて的確に選択することが極めて決定的な大事件であるかのように書き進めて行ったのです。

この論文[*8]は「サイエンス」誌に発表しました。直感的判断や直感的予測における系統的なバイアスの多さを考えれば、心理学以外の研究者もきっと興味を持つだろうと思ったのです。でも、きっと関心があるはずだと決めてかかってはいけなかったのです。このことは、エルサレムでのあるパーティで、ある著名なアメリカ人哲学者と出会って思い知らされました。共通の友人が、エイモスと私の研究について話をしたらどうかと紹介してくれたのですが、私が話し始めるとほぼ同時に、この研究者は「愚かさについての心理学には関心がありませんので」とそっぽを向いてしまったのです。

この「サイエンス」誌の論文は、哲学者（の数人）と経済学者（のごくわずか）が真面目に受け取ることができ、実際に真面目に受け取ってくれた、ごく稀《まれ》な、まさに珍種と言っていい実証心理学の論文であったことが分かりました。論文の読者が、パーティで会ったあの哲学者よりも熱心に耳を傾けてくれたのはなぜでしょう？　私が思うに、この論文が異例なほど注目を浴びた原因は、少なくとも内容についてと同じ位、われわれの使った手段が関心を呼んだからだと思います。エイモスと私は相変わらず「一つだけの質問による心理学」の実験を続けていて、「サイエンス」誌の論文でも、われわれの他の論文と同じように、テキスト中にその質問を一語一語すべて記しました。この質問を読んで、自らその答えを考えてみた読者は、これが単に一般大衆の愚劣さについてのものではなく、もっとずっと興味深い問題について扱ったものだと確信したのだと思います。つまり、これを読んでいる自分自身のように、ごく知的で洗練され、洞察力の優れた人でも、間違った直感にどれほど影響を受けやすいかということです。理由はどうあれ、この論文はすぐに合理的行為者《エージェント》モデル（行為者（エージェント）は合理的だと仮定する理論）を批判する際に誰もが引用する参考文献となり、これに続いて数多くの認知科学、哲学、心理学の文献が生み出されることになりました。こんなことになろうとはまったく思ってもみませんでした。

最近になってようやく気づいたのですが、意識してそんなに大きな的を射当てようと思ったわけではなく、たまたま当ててしまったわれわれはなんと幸運だったことでしょう。もしも最初から合理的モデルに対する挑戦として書いていたとしたら、もっと違った書き方をしたはずですし、そんな挑戦をしたところで、おそらくこれほどの影響力はなかったことでしょう。合理性に関する論文であれば、その概念の定義や、バイアスの発生に関する境界条件の取り扱い（線引きの仕方）、その他われわれがまったく論じようとは思わない多くのテーマについての議論を取り入れざるを得なかったはずです。その結果、論文からはこれほどの明快さや刺激は失われ、最

＊8　この論文 Judgment under uncertainty: Heuristics and biases（不確実な状況下での判断：ヒューリスティックスとバイアス）のこと。

終的には正当性も蝕まれてしまったことでしょう。われわれが提示したのは、不確実な状況下での判断に関するわれわれの研究の経過報告書であって、その中には確かな証拠がたくさん含まれていました。人間の合理性についての推論はすべて、読者みずからが導き出したものだったのです。

読者が引き出した結論は、しばしばあまりに極端なものでしたが、それは伝達されていく間によくあるように、数理論理学で言うところの存在記号が失われてしまったからです。われわれは、不確実な事象に関する判断（のすべてではなく、いくつか）においてはヒューリスティックスが媒介《ばいかい》として作用し、それによって予測可能なバイアスが（いつもではなく、時には）生じることを示しただけなのに、人間というものは理路整然と考えることができないと主張したと誤解されることがしょっちゅうでした。われわれの立場への反論として、人間は月を歩いたという例が再三に渡って取り上げられたものです。われわれの論じ方が包括的であるという間違った思い込みのせいで、われわれが何も発言しないことが却《かえ》って意味ありげになってしまいました。たとえば、判断に関する社会的要因の役割についてまったく触れていないことで、われわれがそういった要因は取るに足らないと考えていると受け取られてしまったのです。こうした誤解の少なくともいくぶんかは回避できたとは思いますが、そのためのコストはおそらくとても高くついてしまったでしょう。

われわれの研究が、合理的行為者《エージェント》モデルに対する批評というよりも、人間の合理性一般に対する攻撃だと解釈されることによって、たくさんの反対論が生まれ、中にはとても辛辣《しんらつ》で否定的な意見もありました。批判の中には基準に関するものもありました。われわれが判断を不適切な規範基準に照らして比較しているというのです。[5][9][10] われわれはまた、人間の認知の欠点を誇張し、人を惑わせる偏向したメッセージを広めたとして糾弾《きゅうだん》されもしました。[31、他多数] 系統的バイアスは、進化論の立場から見て根拠薄弱として拒絶されました。[7] われわれの研究を、単に学部学生を惑わすためだけに作られた人工的パズルの集大成としてはねつける論もありました。認知的錯覚などというものは「消滅すべく作られた」もので、ヒューリスティックスは「存在しないバイアス」を説明するためにでっち上げられたにすぎない[9]ことを示すために、何年にも渡って、数えきれないほどの実験が行われました。一九八〇年代始めに、いくつかの論文上のいざこざに巻き込まれるという経験を経て、エイモスと私は、われわれの研究に対する批評を批判しないという方針を打ち立てました。それでも、やむにやまれぬ思いで、一つだけ例外を作らざるを得なかったのですが。[24]

最近になって、ある若い同僚（意思決定学者シェイン・フレデリックのこと）と一緒に実験的文献を見直してみたのですが、認知的錯覚が本当かどうかに関する実証的論争は、二重プロセスモデルの視点から見れば解消するという結論に達しました。[27] このモデルでもっとも重要なのは、判断が二つの方法（そしてその二つのさまざまに異なった割合）でなされるということです。つまり、迅速《じんそく》で、連想を駆使し、無意識のうちになされる、努力の必要のない直感的プロセス（システム1と呼ばれます）と、規則に支配されて熟慮と努力を要するよりゆっくりとしたプロセス（システム2）の二つがあるということです[38][39]（図1）。システム2は、直感が下す推理が破りがちなルールのいくつかを「知って」いて、直感的判断の過《あやま》ちを糾《ただ》そうと介入したり、置き換えを行ったりすることもあります。というわけで、直感の犯す間違いは、二つの条件が揃った時に起きることになります。まず、システム1が間違いを犯し、システム2がそれを糾すことに失敗した場合です。この見方で行くと、認知的錯覚が「消滅すべく作られた」と結論づけた実験は、システム2による修正作業を促進することによってそういう結果になったということになります。これでは抑制された直感的判断についてはほとんど何も分かりません。

論争がこんなに簡単に解決できるなら、どうして一九七一年、あるいは一九七四年に解決しなかったのでしょうか？　フレデリックと私が提起した答えは、初期の研究がなされた状況に言及しています。

直感は自己批判的作用によって常に上書きされたり修正されたりする可能性があるし、また直感的な答えがいつも用意されているとは限らないので、直感的判断についての包括

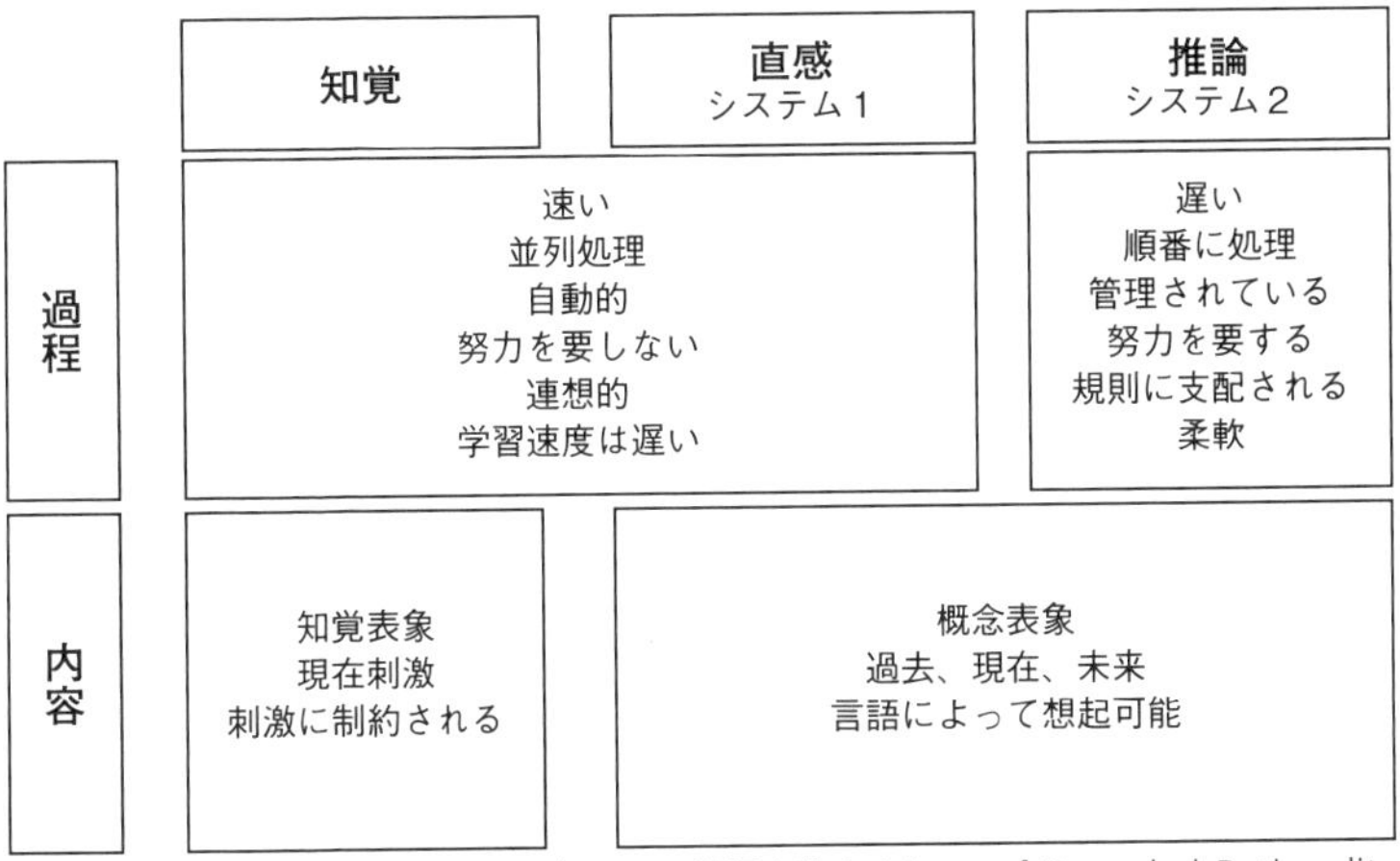


図1　二重プロセスシステムの概念図（ノーベル賞記念論文 Maps of Bounded Rationality から引用）

的な心理学は、こうした制御された思考を無視するわけにはいかない。しかしこんな分別ある姿勢は、判断ヒューリスティックス研究の初期には無意味だと思われた。「少数の法則」の著者たちは、正しい統計的推論を調べる必要はないと思っていたのである。質問事項の中にあまりに簡単な質問を含めてしまうのは、参加者に失礼だし、読者にとっても退屈だろうと考えたのだ。だいたいにおいて、ヒューリスティックスやバイアスについての初期の研究は、直感的推測が上書きされたり別のものに取って代わられたりする際の条件にはほとんど関心を示してはいなかった。正解へと向かう制御された推論について説明する必要性があるとは考えていなかったのである。境界条件に関心を持たないことは、「初期段階にある」研究プログラムではよくあることだ。当然ながらそうしたプログラムは、何かを消滅させることではなく、新しい、予想外の効果を立証することに焦点を当てるものだからである。[27][50]

私が思うに、一九七四年の論文にあまりに影響力があったせいで、これ以降、これがどう読まれるかという状況まで変わってしまったのではないかと思います。誤解されたのは、これが真面目に受け取られた直接の結果なのでしょう。こんなことがそうしょっちゅう起きるものなのかどうかは分かりませんが。

われわれがバイアスに焦点を当てるのは、すなわち人というものは大概悲観的なものの見方をすることの現れだとする批判に対しては、エイモスも私もけっして耳を貸しませんでした。こうした批判は、合理性についてのメッセージとバイアス研究という媒体《ばいたい》をごっちゃにするものだと主張したのです。しかしこうした混同は日常茶飯事でした。たとえば、われわれが行う利用可能性ヒューリスティックについての実験の一つに、次のようなものがあります。回答者の皆さんに、アルファベットのいくつかの文字について、単語の最初に現れる頻度と、三番目に現れる頻度を比べてみてほしいと言うのです。*9 私たちが選んだ文字は、実は三番目に現れる方が多いものだったのですが、この実験ではその文字が、単語の最初により頻繁に使われると判断されることを示すわけです。これは、頭の中の辞書を探す時に、最初の文字を探す方がより簡単だということから予測できます。ところがこの実験を例に挙げて、これがわれわれ自身の確証バイアスであると批判する人もいたのです。このヒューリスティックがバイアスにつながる場合だけを選んで、利用可能性を実証しているからです。しかし、こうした批判は、バイアスを実証することがわれわれの目的だと思い込んでしまって、実際に行おうとしていたポイントを見逃しています。われわれは、ヒューリスティックスのせいで誤った結論に達してしまう場合でも、利用可能性ヒューリスティックが頻度の判断をコントロールしていることを示そうとしたのです――これは、ヒューリスティックスによって正しい解答が導き出される場合には議論できないことであって、ヒューリスティックスが正しい答えを出すことも多いのです。

それでも、われわれのやり方の名称やアプローチによって、ヒューリスティックスとバイアスが強く結びついてしまい、そのせいでヒューリスティックスが悪いことのような印象を与えてしまったことは否定しません。われわれにはけっしてそんなつもりはなかったのですが。最近気づいたのですが、ヒューリスティックスとバイアスは私自身にも影響を与えているようです。ラルフ・ヘルトウィヒ（彼はヒューリスティックスもバイアスも好きではありません）と

＊9　アルファベットの頻度を比べてみてもらう実験　「rという字が最初に現れる単語の数と、rという字が三番目に現れる単語の数はどちらが多いと思うか」という質問をする実験のこと。実際には三番目にrが来る単語の方が多いにもかかわらず、被験者は一番目にrが来る単語の方が多いと推測した。一番目にrが来る単語の方が想い出しやすいため、利用可能性ヒューリスティックによってこのような判断がされる。

メッセージのやり取りをしている時、「代表性によって判断する」というフレーズが、私の心の中では、直感による統計的判断における一連の誤りを表していることに気づいたのです。代表性によって確率を判断することは、確かにシステマティックな過ちに繋がります。しかし、その過程を構成する大きな要素は、「代表性についての判断」であって、その判断は往々にして微妙で高度な技術を要するのです。「白が次の三手でチェックメイト」と瞬時に判断するチェスの名人の離れ業《わざ》は、代表性の判断の好例です。また、会計士よりもコンピュータ科学者の方が、好んでダジャレを言うことが多いのに即座に気づいた大学生は、社会的、文化的判断に優れていることが分かります。長年に渡って、代表性の概念にはある種の利点があることに思い至らなかったのは、明らかに私の過ちでした。

ヒューリスティックスやバイアスについての論争からわれわれはどんなことを学んだでしょう。議論の中心になったことのある人はたいていそうでしょうが、私は敵対勢力に圧力をかけられて考えを変えた覚えはほとんどありません。しかし自分で思う以上に、実にさまざまなことを学んだのは確かです。たとえば、われわれの研究が人間の非合理を実証するものだと言われたら、今なら即座にはねつけることができます。今そんな機会があれば、ヒューリスティックスやバイアスを研究する目的は、いついかなる場合も完璧な合理性があるという非現実的な概念に異議を唱えるためだけであることを、懇切丁寧に説明するでしょう。私は昔からこんなに注意深かったでしょうか？　おそらくそうではなかったと思います。今の私の考えでは、判断におけるバイアスの研究をするには、直感と思慮深い考察との相互作用に目を向けなければならないと思います。その相互作用によって、時にはバイアスのかかった判断をすることもあるし、また時にはそれを上書きして修正する場合もあるのです。この点についても、昔からこんなにはっきり分かっていたでしょうか？　たぶんそうではなかった。それから最後に、先ほども述べたように、もっとも優れた熟練の技というものが直感的であること、また複雑な判断の多くが、そのスピード、自信、正確さにおいて、機械的に繰り返される知覚と共通していることにも、とても感銘を受けています。こんな観察も、もちろん私にとって新しいものではありませんが、以前から今のように大きく目の前に立ち現れていたでしょうか。まったくそうではなかったと言って間違いありません。この件についてここまで煩悶《はんもん》したことでもお分かりいただけるように、誰の考えも変えることのない議論というものが、私は大嫌いです。なんとか自説の方に点を稼ごうという気分になると、客観性を失い、みじめな気分になりますし、自分が怒っていることが恥ずかしくてたまらなくなります。自分が研究上で怒りを感じることへの恐怖心があまりに強いために、何年もの間、そんな感情をかき立てる可能性のある論文の審査員をお断りするというわがままを通してきてしまいました。文章に悪意の気配があったり、取り上げた事実の観察が通常より偏《かたよ》っていれば、そんな論文には何もコメントをせず、エディターに送り返してしまいます。研究の上のケンカにこれまでそう巻き込まれずに済んできたのは幸運だと思いますし、また時には鋭い議論を戦わせても、垣根を越えて虚心坦懐《きょしんたんかい》に語り合える出会いがあったことに感謝しています。[3][28]

## プロスペクト理論

一九七四年に、「サイエンス」誌に判断についての論文を発表した後、エイモスは、意思決定について一緒に研究しようと言い出しました。この分野でエイモスはすでに功なり名を遂げたスターでしたが、私の方はほとんど何も知りませんでした。手始めに、エイモスも共著者の一人である『数理心理学序説』[6]を読んだらどうかと勧められました。この本では効用理論と、アレとエルズバーグのパラドックスが論じられ、*10 またこの分野の大家たちも参加して、簡単な賭けを選ばせることによってお金の効用関数を測定しようとする古典的な実験もいくつかありました。

この本を読んで、このゲーム（意思決定研究）の課題が、アレのパラドックスを説明する理論を作ることなのだということが分かりました。心理学上の疑問がたいていそうであるように、問題を理解することは難しくはありませんでした。実際のところ、アレの有名な問題は、確率に対する主観的反応が線形ではないことを簡潔に証明するひとつの方法だからです。主観が非線形であることは疑う余地がありません。〇対〇・〇一、あるいは〇・九九対一・〇〇の確率の差に比べて、〇・一〇と〇・一一の確率の差が強い印象を与えるものではないことは明らかです。これを難解だとかパラドックスだと思うのは決定理論家くらいのものです。というのも確率に関する非線形の反応は、合理的な選択という自明とされる公理に反する選好《せんこう》（好ましいと思うこと）を生じさせ、それは通常の期待効用理論とは相容《あいい》れないものだからです。アレのパラドックスを見た決定理論家は、一九七五年の時点でも今でも同じだと思いますが、おそらく基準として魅力があり、なおかつ非線形を許容するような新しい公理を見つけようとするでしょう。一方、心理学者であれば、合理性の問題はひとまず脇《わき》へ置いて、人間に実際備わっている選好を記述する理論を開発しようとするでしょう。そうした選好が理にかなったものであるかどうかは問題ではありません。

われわれが自分たちに課した課題は、昔から選択の理論が議論されてきた、奇妙に閉鎖的な分野の中で、観測される選好について説明することでした――つまり、結果がごく少数であり

＊10　効用理論と、アレとエルズバーグのパラドックス　効用理論（期待効用理論）は経済学の中心をなす理論で、行為の結果が不確定な状況では経済主体は期待効用を最大化すべく選択する、とする仮説。この仮説に関してモーリス・アレ（一九一一〜二〇一〇。一九八八年ノーベル経済学賞受賞）とダニエル・エルズバーグ（一九三一〜　）は、矛盾する場合があると論じた（アレのパラドックスおよびエルズバーグのパラドックス）。

明確な確率をもつ金銭的ギャンブルの研究です。これは実証的な問題だったので、データが必要でした。エイモスと私は、このデータを集めるという問題を、効率が良く、かつ愉快な手を使って解決しました。つまり、二人で何時間もかけて面白い選択問題を考え出しては、われわれ自身の選好を調べたのです。もしわれわれが二人とも同じ選択をした場合、他の人もおそらく同じだろうと暫定《ざんてい》的に思うことにして、それが理論的に何を意味しているのかを探求し続けたのです。こんな変わった方法を取ったお陰で、効率よく研究を進めることができ、われわれは目まいがするようなスピードで、モデルを作っては捨てて行きました。三七番目のモデルは特にはっきり覚えていますが、それでもわれわれの論点が正確であることを証明するには不十分でした。

判断の研究の時と同じように、中心的な洞察はごく早いうちに得られたのですが、これもまた判断の研究と同じように、洞察をまとめて論文を発表するためには多くの時間をかけ、努力を続けました[15]。最初の洞察は、実は私がものを知らなかった結果として得られたものでした。『数理心理学序説』を読んでいた時、選択の問題はすべて利得と損失（実際にはほとんどが利得）で表されているのに、選好を説明するはずの効用関数の方は、富を横座標にとった図で説明されているのはなぜか、疑問に思ったのです。不自然だし、心理学的にはあり得ないと思いました。われわれは即座に、変化もしくは差異、あるいはその両方を、効用をもたらすものと考えることにしました。こんな当たり前のことが根本的だとは思いませんでしたし、ましてや行動経済学に活路を開くことになろうとは夢にも思いませんでした。一九九〇年にノーベル経済学賞を受賞したハリー・マーコヴィッツが、一九五二年に、効用をもたらすものとして富の変化を提案しましたが、彼はそのアイデアをそれ以上深く掘り下げることはありませんでした。

効用の担《にな》い手を、富そのものから、富の「変化」へと転換したことは、われわれが後に「損失回避」と名付けた選好との関連でも重要です。損失回避とは、人間が、同等の利得から得られる満足よりも、損失の方に常に激しく反応し、基準点における価値関数も鋭く折れ曲がるというものです（P41図7参照）。損失回避は、コイン投げの賭けをする時、人がリスクを受け入れるのをどれほど嫌がるかに如実に現れます。ほとんどの人は、勝った場合に四〇ドル以上もらえるのでなければ、二〇ドルを失う賭けには乗りたがりません。損失回避の概念は、おそらく意思決定研究の分野においてわれわれが成し遂げたいちばん役に立つ貢献だったと思います。良く知られているように、利得と損失が釣り合っていないことによって、人々が機会費用[*11]と「実際の」損失の間で経済的に不合理な線引きをするということも含めて多くの疑問が解決するのです。それから価格が下がっている時に不動産市場がなぜ長期に渡って干上がってしまうのかも、

＊11　機会費用　ある行動を選択することで失われる、他の選択肢を選んでいたら得られただろう利得のこと。たとえば、大学に進学して勉強するという行動を選択すると、大学の授業料額＋就職して働いた場合に稼げた額、を失うことになる。この合計額が大学進学の機会費用にあたる。

損失回避によって説明がつきますし、意思決定の際に多くの人が現状維持を好むというバイアスの理由も分かってきます。利得と損失の不均衡を考察すれば、最終的には、道徳上の直感（何が正しく何が正しくないかについての直感）の領域にまで踏み込むことになります。ここでは、無理矢理に損失を押し付けられることと、利益を分かち合えないことは大いに異なる評価をされます。でももちろん、価値関数が折れ曲がっているだろうという予想を初めて受け入れた時には、エイモスも私もそんなことはまったく考えもしませんでした。しかし賭けの選好を説明するためには、価値関数はどうしても折れ曲がっていなければならなかったのです。

もう一つ、初期に得た一連の洞察は、当時われわれが考察していた問題の結果の正負をためしにひっくり返してみようとエイモスが提案した時に得られました。その結果は驚くべきものでした。すぐに顕著なパターンが見られることが分かったのです。われわれはそれを「反射（reflection）」と呼んだのですが、一組の賭けの結果の正負をすべてひっくり返すと、ほとんどの場合、選好はリスク回避からリスク追求へ、またはその逆へと変わったのです。たとえば、われわれはどちらも一〇〇〇ドル貰える確率が九〇パーセントであるか、もしくは何ももらえないよりも、確実に九〇〇ドルもらえる方を選んだ一方で、確実に九〇〇ドルを失うよりも、一〇〇〇ドル失う確率が九〇パーセントである方を選んだのです。このパターンを発見したのは、実はわれわれが初めてではありません。ライファ[36]とウィリアムズ[46]は、負の領域ではリスク追求の方が広く見られることに気づいていました。しかし、これを何かに活かそうと試みたのは、われわれが最初だったようです。

すぐにリスク下の選択理論についての草稿を書き始め、タイトルを「価値理論（value theory）」として、一九七五年春の学会で発表しました。その後、この論文を出版する準備を整えるため、ほぼ三年がかりで理論に磨《みが》きをかけました。この間の仕事は二つに分かれていました。一つは、理論を定式化するために面白い予想を探ること、もう一つは、なるほどと頷《うなず》けるような異論のすべてに対して答えを用意しておくことです。気晴らしのために、あら探しを専門とする野心的な大学院生を想定し、この想像上の院生がつつきだす欠陥を片っ端から粉砕すべく全力を尽くしました。プロスペクト理論のもっとも奇抜な着想は、そんな防衛作戦から生まれたのです。だいぶ後になって、論文の最終原稿の用意にかかっていた時のことですが、われわれのモデルを単純に当てはめると、プロスペクト（見込み、期待）の値（$100, .01; $100, .01）（一〇〇ドルを得るチャンスが一パーセントである場合が一回ずつ二度ある）が、（$100, .02）（一〇〇ドルを得るチャンスが二％である）の値よりも大きくなってしまうことに懸《け》念《ねん》を抱きました。もちろんこの予想は間違っています。意思決定者のほとんどは、前者のプロスペクトを後者に読みかえてしまい、その後評価や選択をする際に、二つを同じものとして扱ってしまうからです。この問題をなくすために、われわれはこの意思決定者に、プロスペクトを評価する前にまずは似た結果を集める編集操作をし、その確率を足すように提案しました。

さらにいくつかの編集操作を提案し、理論の中核に対する浅薄《せんぱく》な反対意見に対して、心理学的にも納得のいく明確な防衛策を講じました。かくして、この想像上の小うるさい院生の人生を悩み多いものにすることに成功したわけです。しかしまた、ここで選択の対象となるのが、周囲の客観的な状態（objective state of the world）ではなく、心的表象（mental representations）であることを明らかにしたおかげで、われわれは真に意義深い進歩を遂げることができました。これはフレーミング（Ｐ41〜、Ｐ116〜参照）という概念を発展させるための、そして最終的には合理的行為者モデルに対して新たな批判を加えるための大きな一歩でした。いよいよ出版に向けて投稿する準備が整った時、われわれはこの理論に、わざと意味のない名称をつけました。「プロスペクト理論」という名前です。もしこの理論が有名になるようなことがあるとすれば、特色のある名前がついている方がいいだろうと考えたのです。これはたぶん正解だったと思います。

最近、一九七五年に書いた草稿を読み返してみて、まずは最終的に出版された版とほとんど違いがないことに驚くと同時に、二つの論文がなんと違っているかにも驚かされました。鍵となるアイデアや、中心となる例、それに言葉遣いのほとんどは、最初の草稿と最終版でほぼ違いはありません。でも草稿には、反論に備えて何年もの時間をかけてわれわれが培《つちか》った威信が欠けているのです。これがなければ「価値理論」は、何世代にも渡る学者や学生の微に入り細に入る精査の嵐を生き延びることはできなかったでしょう。重要な論文ならいつかは必ずそうした洗礼を受けざるを得ないのです。何しろそうした学究は、隙《すき》さえあれば癪《しゃく》に障《さわ》る攻撃を仕掛けてくるのですから。

われわれはこの論文を、経済学の論文誌「エコノメトリカ」に発表しました。後になって、この発表媒体を選んだのも重要だったことが分かりました。この論文が「サイコロジカル・レビュー」誌に載っていたら、経済学の分野に影響を与えることはほとんどなかったでしょう。しかし、「エコノメトリカ」に発表しようと決めたのは、何も経済学に影響を与えたいためではありませんでした。「エコノメトリカ」誌にはそれまで意思決定に関する最高の論文が発表されていたので、われわれもその一員に加わりたかったのです。

メッセージの内容は当然としても、プロスペクト理論が反響を呼び起こすに当たって、他にも発表媒体に決定的に依存した部分がありました。プロスペクト理論は形式に従った理論であり、その形式的な性格こそが、経済学にインパクトを与える鍵となったのです。社会科学の専門分野なら何でもそうでしょうが、その分野に受け入れるに足るものかどうかを試す儀式があって、ある業績が注目するに値するかどうかを検討する前に、まずはそのテストにパスしなければならない仕組みになっているようなのです。そういうテストは、情報過多を防ぐのに必要でもあるし、またその専門分野の仲間内の暮らしにとっても重要な側面なのです。特に、これによって仲間以外のメンバーの業績はほぼすべて無視できると言っても過言ではないし、無視したとしても学者としての良心を痛めることもありません。こんな適正審査機能を効率的に果たすために、受け入れテストはたいていある種の形式や手法に重きを置いていて、中身がどうかなどほとんど気にすることもありません。プロスペクト理論は、そんな経済学の受け入れテストに合格し、論文の内容は経済学の専門分野の学術論文として正当なものである（部分的にではありますが）と認められることになったのです。こんな風に、ある科学論文が比較的長期間に渡って名声を保ち、一方それ以外のほとんどの論文はただちに忘却の彼方《かなた》に送り込むというプロセスは、なんとも奇妙で気まぐれなものではありますが。

## フレーミングと心の会計

エイモスと私がプロスペクト理論を完成したのは一九七七年から一九七八年にかけてで、その間私はスタンフォード大学高等研究センターにおり、エイモスの方は同じ大学の心理学科に客員で来ていました。この頃、われわれは次なる仕事に取りかかったのですが、それがフレーミングの研究でした。この頃、私の研究人生にとって二番目に大事な友人であるリチャード・セイラー（経済学者。行動経済学の創始者の一人）との付き合いが始まりました。

フレーミング効果は、明らかに似通った二つの問題を設定することによって示されます。二つの問題は、とても似通ってはいるのですが、おそらくは異なる選択結果になることが予想されるものです。フレーミング問題の標準的な例は、ごく早い時期に作ったものですが、「助かる人命、助からない人命」というもので、ある伝染病が流行って六〇〇人の命が危険に晒《さら》されており、これについて二つの公衆衛生プログラムのどちらかを選ばなければならない、という問題です。一番目のバージョンでは、一方のプログラムでは二〇〇人が確実に助かり、もう一方のプログラムでは、六〇〇人全員が助かる確率が三分の一、全員が死ぬ確率が三分の二です。このバージョンでは、多くの人は二〇〇人の命が確実に助かる方を選びます。二番目のバージョンでは、一方のプログラムでは四〇〇人が確実に死に、もう一方のプログラムでは六〇〇人全員が死ぬ確率が三分の二、一人も死なない確率が三分の一です。こちらの場合、ほとんどの人がギャンブルに出る後者の方を選びます。もし同じ回答者が、別々の機会にこの二つの質問をされると、たいていの人が矛盾した答えをしてしまいます。しかも矛盾を指摘されると、たいへんに恥ずかしがるのです。でも、なぜこんな矛盾した答えを出してしまうのか、自分でも分からない。生き残る人数をいかに選択するか、直感的に分かる道義上の指針はないからです。

フレーミング効果を明らかにするために、エイモスと私がこうした一対の質問作りを手掛け始めたのは、まだプロスペクト理論の研究をしている間のことでした。そうした質問を使って、利得と損失（たとえば人命の例のように）に対する感応度を示し、唯一の適切な結果は最終状態であるという公式の不十分さを浮き彫りにしようとしました。またこの論文では、一度だけの賭けを、最後に利得を得る確率やその結果自体は変えずに、選好だけを逆転させるような二段階の賭けにできることも示しました。その後、回答者がAとBという二つの問題で同時に選択を行うことを求められるという例も開発しました。一方の問題では利得が示され、リスク回避的選択が引き出されます。もう一方の問題では損失が示され、リスク追及が引き出されます。回答者の多くが、両方の質問で実際にこの通りの選択を行いました。しかし、回答者の選択の組み合わせは、実際には彼らが選ばなかった方の選択肢の組み合わせより劣るように作られていたのです。

これは人間の愚かさを示すためのゲームのデモンストレーションではありません。フレーミング効果がこんなにもやすやすと実証できてしまうということが、すなわち人の心に根本的に限界があることの証拠なのです。合理的行為者モデルでは、行為者の心は、その人の思い通りに働くとされています。しかしフレーミング効果は、その基本的な要件に反しています。フレーミング効果にどれほど影響を受けやすいかを示した回答者は、できればそんな影響など回避したいと望んでいます。もしもフレーミング効果を回避できるとすれば、次の二種類の状態だけしか考えられないはずです。

一　すべての結果および確率に対する反応が厳密に線形であれば、フレーミング効果を作り出すためにわれわれが使った手順は間違いである。
二　もしもある人が、自分の出した答えについていつも正しく包括的な一つの見解を保ち続けるとすれば、真に等しい問題は、いつも等しく扱われるはずだ。

しかしどちらの条件も成立不可能なのは明らかです。フレーミング効果は、われわれが不変性（invariance）と呼び[16]、アロー（ケネス・アロー。経済学者。一九七二年ノーベル経済学賞受賞）が外延性（extensionality）*12と呼んだ[2]合理性の基本的な要件に反しているのです。合理性論争に貢献するこの強力なメッセージを生み出すには、長い年月がかかりましたし、何度も繰り返し検証し書き直しをしなければなりませんでした。これは、フレーミングの論文の数年後に発表しました[45]。

フレーミングについての最初の論文におけるもう一つの前進は、フレーミングの例の中に、リスクを伴わない選択の問題を含めたことです。これには、若い友人の協力がありました。リチャード・セイラーは、たいへん鋭い頭脳と畏《おそ》れを知らない性質に恵まれた若い経済学者でした。当時はまだ大学院生でしたが、すでに自分の専門に対する皮肉な目を養っており、人間一般の行動に関する経済理論の基本理念にある明らかな誤謬《ごびゅう》を指摘する強力な一連の例――特に、ロチェスター大学の超保守的な担当教授についても――を集めていました。重要な観察のひと

*12　不変性と外延性　いずれも「選好は、選択肢や結果に無関係な特徴のバリエーションには影響されない」という仮定のこと。経済学の合理性概念に欠かせない仮定。

つが、保有効果（所有しているものに高い価値を感じ、手放すことに抵抗を感じさせる効果）というもので、リチャードはこれを、一本の古いワインの例で示してみせました。このワインを、二〇〇ドルもらっても売りたくないが、もしもこの瓶が壊れたら、一〇〇ドルも払って取り替えるのは嫌だというものです。一九七六年のいつ頃だったでしょうか、リチャードはその前年に書かれたプロスペクト理論の草稿を読み、お陰でわれわれの人生は大きな転機を迎えました。標準的な経済理論の文脈ではまったく説明のつかない保有効果が、プロスペクト理論から導かれる二つの仮定によって簡単に説明がついてしまうことに、リチャードは気づいたのです。まず、効用をもたらすものは「状態」（ワインを持っているか持っていないか）ではなく「変化」つまり、ワインを手に入れるか、もしくは手放すかだということです。そして、損失回避によって、手放すことの方が手に入れるよりも痛みが大きいのです。一九七七年と七八年にエイモスと私がスタンフォードにいることを知ったリチャードは、高等研究センターと同じ丘の上にある全米経済研究所のスタンフォード支部の訪問研究員の席を確保しました。すぐに友だちになったわれわれは、その後ずっとお互いの考え方に大きな影響を与え合ってきました。

われわれがリチャードから学んだのは、保有効果ばかりではありません。彼は、今われわれが「心の会計（mental accounting）」と呼んでいる現象のリストをすでに作り上げていたのです。心の会計は、人間が結果について包括的に考えることができないこと、またお金を代替可能なものとして扱うことができないことによって、いかに合理性を裏切っているかを示すものです。リチャードは、人がいかに自分のする決定を別々の勘定《かんじょう》項目に算入して区別し、勘定項目のそれぞれを黒字にしておこうとして必死に努力しているかを明らかにしました。彼の挙げた素晴らしい例の一つは、あるカップルが、外はひどい吹雪なのに、これから車でバスケットボールの試合に行こうとしているというものです。すでにチケットを買ってしまっているからなのですが、もしこのチケットがタダでもらったものだったら、わざわざ出かけはしないでしょう。この例でもお分かりのように、リチャードはすでに「一つだけの質問による経済学」を、独自に編み出していました。彼のお陰で私も別のストーリーをひねり出しました。ある人が劇場に来たのですが、チケットをなくしてしまったことに気づいたというのが一つ目のバージョン。もう一つのバージョンでは、同じく劇場には来たのですが、こちらはチケットと同じ額の現金をなくしたのに気づいたというものです。質問してみると、現金をなくしたのであれば、やっぱりチケットを買うだろうと言う。おそらくこの損失は一般会計に計上されているからでしょう。ところが、もしすでに買ったチケットをなくしてしまった場合は、家に帰ると言う。こちらはおそらく、同じショーを見るために二度もお金を払いたくないからです。

# 行動経済学

セイラーとのつき合いは、当初われわれが想像した以上の実を結ぶことになりました。そしてこれこそが、私がノーベル賞を頂いた大きな原因です。ノーベル賞委員会は私が「心理学研究を経済学に統合した……」と紹介してくれています。せっかく評価していただいた功績をいくぶんでも否定するつもりはありませんが、私が思うに、統合という仕事のほとんどは、セイラーと、すぐに彼の周りを囲み始めた若い経済学者のグループであったことは申し上げておかなければなりません。まずはコリン・キャメラー（カリフォルニア工科大学教授）とジョージ・ローウェンスタイン（カーネギー・メロン大学教授）に始まり、マシュー・ラビン（カリフォルニア大学バークレー校教授）、デイヴィッド・レイブソン（ハーバード大学教授）、テリー・オーディーン（カリフォルニア大学バークレー校ハース・スクール・オブ・ビジネス教授）、そしてセンディル・ムライナータン（ハーバード大学教授）といった面々が続きました。確かにエイモスと私はかなりの数のアイデアの芽を提供し、後にそれが幾人かの経済学者の思索に組み込まれる結果になりました。またプロスペクト理論が、経済主体について現実的な仮説を立てるための源泉として心理学を利用する仕事を正当なものにするために一役買ったのは間違いありません。しかし、行動経済学の礎《いしずえ》となったのは、セイラーの最初の論文[41]であり、そこで彼は一連の小テーマを描き、消費者理論の基本原理にチャレンジしたのです。そして今、現在行動経済学の学問分野としての地位が確立されたのは、現在は行動ファイナンスと呼ばれる領域でリチャードが成し遂げたいくつかの重要な発見によるものであり、また一九八七年から一九九〇年まで「ジャーナル・オブ・エコノミック・パースペクティブ」誌に毎号掲載され、その後も折りに触れて書き続けられているコラム「アノマリー」によるものだと思います。

一九八二年、エイモスと私はロチェスターでの認知科学会に参加し、当時スローン財団（元ゼネラル・モーターズ社長アルフレッド・スローンが設立）の副理事長だったエリック・ワーナーと一杯やりました。エリックは、心理学と経済学の統合を促進するのに関心を持っており、そのためには何をすべきかわれわれにアドバイスしてほしいと言いました。そんなプロジェクトに「大枚《たいまい》はたいたって正直どうしようもない」とわれわれは思いました。学際的研究への関心は強制できるものではないからです。しかし、心理学者に対して、なんとか経済学者に考えを聞いてもらうように励ましても意味がないけれども、耳を傾けようという気のある数少ない経済学者を励まし支援するのは、もしかしたら有効かもしれないとも思いました。もちろん、セイラーの名前が挙がりました。こんな話をした直後、ワーナーはラッセル・セージ財団（銀行家ラッセル・セージの遺産を基に設立）の理事長に就任し、心理学と経済学の統合プロジェクトをそちらで実現することにしたのです。このプログラムでの最初の助成金は、リチャード・セイラーに対して付与され、一学年の間（一九八四年から八五年）、バンクーバーのブリティッシュ・コロンビア大学の私のもとに滞在するというものでした。この一年は私の研究人生の中でも最良の時期のひとつでした。われわれはトリオとして仕事をし、さらに、経済学者のジャック・クネッチも加わりました。ジャックとはすでに、環境の評価や市場における公正さについての一般の人の意見を含めて、さまざまな問題の調査を一緒に作成していました。ジャックは保有効果についての実証研究を済ませており、この効果がコースの定理[*13]や環境政策問題に密接に関係しているとみていました。かくてすばらしいチームができました。ジャックはその堅実な仕事ぶりや常に冷静で穏やかな性格で、騒々しい気性のリチャードや、完璧主義者特有の心配癖で、仕事となると常にせっかちで落ち着きのない私と付き合うというストレスにも耐え抜いてくれました。その年、私たちは一緒にたくさんの仕事をしました。実際の商品（マグカップ）の使用を含む一連の市場実験を行い、これは後にこの分野の文献の基準になりました。[19]また、実験的にさまざまに変化させた文章を使った複合的な調査を行い、商人、大家、雇い主について一般の人々が何を公正と考えるかのルールを特定しました。[17]われわれの主要な観察は、多くのコンテクストにおいて、現状（たとえば価格、家賃、賃金など）が、取引相手（消費者、借家人、従業員）に権利のある「参照取引」とされており、この権利を犯した場合は不公正とみなされ、報復を招きかねないというものでした。たとえば、別の人がより安い給料で働くことを承諾したという理由だけで、従業員の給料を下げるのは不公正だが、辞めた従業員の代わりに働くことになった人に、より安い給料を払うのはまったく構わないというようなことです。「アメリカン・エコノミック・レビュー」にこの論文を送ったのですが、修正なしにそのまま受け入れてもらえたのにはまったく驚きました。「レビュー」誌の編集者が、われわれのやり方にまったく偏見を持たない二人の経済学者に審査を頼んだのは、われわれにとってたいへん幸運でした。後で分かったのですが、審査員の一人はジョージ・アカロフ（二〇〇一年ノーベル経済学賞受賞）、もう一人はアラン・オルムステッド（カリフォルニア大学デービス校教授）でした。彼は深刻なガソリン不足の折りに市場がうまく機能しないことの研究をしていました。

この研究の間に生じた疑問が、人は果たして、自分を不当に扱った別の主体を罰するために支払いをする気があるかどうか、また、場合によっては、「公正」であらんとする目的で、思いがけない棚《たな》ぼた式儲けを見知らぬ誰かと分かち合うものだろうか、ということでした。われわれはこのアイデアを、本物の利害関係を実験に使うことによって調べることにしました。このために考案したのが、最終提案ゲームと独裁者ゲームとして知られるようになったゲームです。しかしなんということでしょう、われわれが公正さに関する二番目の論文[18]を書いている間に、ヴェルナー・ギュース（マックス・プランク研究所教授）とその同僚たちに、最終提案ゲームで先を越されていたことが分かったのです。彼らはわれわれと同じデザインを使って、数年前にこの実験を発表

＊13　コースの定理　経済学者ロナルド・コースが唱えた定理。AとBの取引によって第三者Cに影響が出た場合（たとえばAとBの利潤追求のため公害が出てCに悪影響が出るなど）、AまたはBと、Cとの間の当事者間交渉によって、問題は効率的に解決することができるとする説。

していました。これを知った時は心の底からがっかりしたのを覚えています。最終提案ゲームがその後どれほど重要になるかが分かっていたら、おそらくもっと意気消沈していたことでしょう。

私が今知っている経済学の大部分は、この年、自ら進んで私の師になることを買って出てくれたジャックとリチャードから学んだものです。学問間の部族的境界を超えたつき合いをしたのも、実はこれがはじめての経験でした。またリチャード・セイラー、ジェイムズ・ブランダーと私自身が考案し、$N^*$ゲームと呼んだ実験ゲームにも非常に感心しました。このゲームを、たとえば一五人で行うとしましょう。一回毎に、〇《ゼロ》以上一五以下である数$N^*$（$0<N^*<15$）が告げられます。次に参加者たちは、賭けに「参加する」かどうかを同時に選択します。賭けることにした人たちは、同時にそう発表します。賭けの参加者Nに対する支払いは、その人数に応じて、次の式に従って行われます――25セント×$(N^*-N)$。何度かこのゲームをやってみました。一度はブリティッシュ・コロンビア大学の心理学科教授を集めて行ったこともあります。その結果は、経済学者にとっては驚くべきことではなかったのですが、私にはまるで魔法のように思えました。たった数度試してみただけなのに、あるパターンが現れたのです。参加者は常に$N^*$から一人もしくは二人以内の人数だったのです。$N^*$よりも多いか少ないかには体系的な傾向は見られませんでした。つまりグループは集団的に正しいことをしていたのですが、

参加者たちと話をしても、疑う余地のない統計分析でも、筋の通った一貫性のある戦略は見つからなかったのにです。われわれが目にしていたこの魔法が均衡《きんこう》であったことを私が知るまでには、ずいぶん時間がかかりました。われわれに見えたパターンは、これ以外のパターンがまったく一貫して起きなかったために生じたものだったのです。こんなアイデアはそれまで私の知恵袋の中にはありませんでした。このN*ゲームについては、私が非公式に説明しただけで[21]、われわれが論文として発表することはありませんでしたが、このテーマは別の研究者によって引き継がれました[8]。

この頃が、私の研究が経済学の核心にいちばん近づいた時期でした。それ以降は、ほとんどは傍観者《ぼうかんしゃ》としてセイラーと行動経済学の応援に回っています。応援すべきことはたくさんあります。これまでになされた進歩の一里塚として、私がジョージ・アカロフと一緒に教えた心理学と経済学のセミナーのことを思い出します。あれはアン・トリーズマンと私がブリティッシュ・コロンビア大学からバークレーに移った一九八六年のことでした。「合理的行動」という前提が、ジョージ・アカロフのような自由な考え方を持った学者にすら、どれほどの畏敬《いけい》を持って崇《あが》め奉《たてまつ》られているかを知って仰天したことを覚えています。またジョージが、われわれが提示するテーマに誘惑されてはいけない、さもないと学究としての将来が台無しになるぞと、学生たちにたびたび忠告していたことも思い出されます。学生たちへの彼のアドバイスは、少なくとも一人前の学者として食えるようになるまでは、彼が言うところの「肉だのイモだのの話をする基本的な経済学」から離れるな、というものでした。当時はこういう意見が普通だったのです。マシュー・ラビンが若い助教としてバークレーの経済学部に加わり、心理学にどっぷり浸《つか》ることを選んだ時、多くの人がそんなことは学問的自殺だと思っていました。それからほぼ一五年後、ラビンはクラーク賞（ジョン・ベイツ・クラーク賞。アメリカ経済学会が隔年で授与）を受賞、ジョージ・アカロフは「行動マクロ経済学」と題するノーベル賞受賞記念講演を行ったのです。

　エリック・ワーナーとラッセル・セージ財団は、その後も何年にも渡って行動経済学への支援を続けました。そうしたサポートの下、この分野の大学院生や若い研究者を対象にしたサマースクールの開講に私も一役買い、一九九四年には、リチャード・セイラーとコリン・キャメラーが初めてのサマースクールを組織するのを手伝いました。二〇〇二年、五回目のサマースクールの時には、一九九四年の初回のサマースクールの参加者で、今やハーバードで終身在職権を得たデイヴィッド・レイブソンが、三人の主催者の一人になっていました。そして、やはり以前生徒として参加していたテレンス・オーディーンとセンディル・ムライナータンが、世界最高の大学の二つにポストを得て、華々しく成功した研究者として講演を行うため戻ってきてくれました。マシュー・ラビンが行動経済学の発展しつつある理論についての指針を——標準的経済モデルは、これから組み立てて行くべき、より複雑で一般的なモデルの特殊ケースの一つであるというアドバイスを含めて——講義するのを聞くのは格別でした。本当に、はるけくも来つるものかな、と思わずにはいられません。

今や行動経済学は、一五年前には可能とは思えなかったほどの飛躍的な進歩を遂げ、経済学界でもより高い地歩を占めるまでになりました。しかし、研究方法としてはいまだに少数派であり、経済学のほとんどの分野において、その影響力は取るに足りないものです。多くの経済学者が、これは単に一時的流行に過ぎないと信じていますし、またそうであってほしいと願っている学者もいます。将来彼らの方が正しかったことが証明される日が来るかもしれません。しかし、今や才気にあふれる多くの若い経済学者たちが、現在の潮流が続くという期待に彼らの将来を賭けています。そうした期待を自ら成就《じょうじゅ》する道は、必ずあるのです。

## その後

一九七八年、アン・トリーズマンと私は結婚し、カリフォルニア大学バークレー校に移り、同じ年、エイモスとバーバラ・トヴェルスキー夫妻はスタンフォードに腰を落ち着けました。当時エイモスと私は共同作業のピークにあり、チームとしての研究にまさに没頭していました。それから数年間は、二週間毎に週末を一緒に過ごし、毎日頻繁に電話を掛け合うことによって、この状態をなんとか保つことができました。電話は、時には何時間にも及ぶこともありました。こんなふうにしてフレーミングの研究と、判断における「連言錯誤《れんげんさくご》」*14の研究を完成したのです[44]。しかし、金の卵を産んだガチョウも、かつての勢いをなくし、共同研究の炎も次第に小さくなって行きました。今思えば避け難い成り行きだったと思えますが、当時そんなことはまったく予期していなかったわれわれにとっては辛い事件でした。大きなアイデアが生まれる時はいつも物理的に一緒にいたこと、型にはまった分業形式をけっしてとらなかったこと、二週間に一度しか会えなくなってからは許されなくなってしまった、底なしの忍耐力という贅沢《ぜいたく》が、二人の幸せな協力関係にとってどれほど大きな意味を持っていたか、当時のわれわれにはまったく分かっていなかったのです。失われたあの魔法のような時を取り戻そうと何年も苦闘し努力したのですが、かつての輝きは戻ってはきませんでした。

再びやり直そうとしていた時、エイモスが死んでしまいました。一九九六年の前半、彼が余命数ヶ月だということを知った時、われわれは意思決定についての共著の本を編集しなおそうと決めました。もう二〇年以上も前に二人で研究を始めたテーマに、その後加わった進歩もいくらか含めた本にしようと思ったのです[26]。共同プロジェクトとして、一緒に野心的な序文を書こうと計画していたのですが、それを完成するだけの時間がもう残されていないことは、おそらく二人とも最初から分かっていただろうと思います。序文は私一人で書きました。ものを書くのがこんなに辛かったことはありません。

共同研究を中断していた時期も、もちろんわれわれは研究を続けていました。時には一緒に、時には別の共同研究者と一緒でした。エイモスは、プロスペクト理論を、ランク依存モデル(rank-dependent model)として複数の結果を持つケースにまで拡大するという、われわれのもっとも重要な共同論文を主導してくれました。また、エルダー・シャフィール、イタマール・サイモンソン(いずれも心理学者)と共に、意思決定における議論と対立の役割についての見事な研究を成し遂げ、さらにシュミュエル・サタス、ポール・スロヴィック(いずれも心理学者)と共同で、手続きの不変性の違反についての大きな影響を与える仕事をしています。ピーター・ワッカー(心理学者)と共同で、意思決定理論の数学的構造について洞察に富む研究を行い、また最晩年には、不確実性下における思考への一般的アプローチであるサポート理論(第1章P54参照)を進展させようと夢中で、この研究は彼の教え子たちに引き継がれています。今挙げたのは意思決定分野における主要な計画的研究だけです――エイモスの業績のすべては、とてもこんなもので収まるようなものではありません。

私の方も忙しくしていましたし、しょっちゅういろんなところに移り住んでいました。ア

*14　連言錯誤《れんげんさくご》　事象Aと事象Bが同時に起こる確率は、それぞれが単独で起こる確率より低い。ところが人は、AとBが同時に起こる確率のほうが高いという錯誤をしてしまうことがある。これを二つの事象の連言に関することから連言錯誤と言う。具体例の一つとして第1章P55~の「リンダ」の例がある。

ン・トリーズマンと私は一九八六年にカリフォルニア大学バークレー校に移り、そこから一九九三年にはプリストンへ移って、そこで時折ウッドロー・ウィルソン公共問題大学院でも教えるということになり、二つの別々の仕事を楽しみました。東部へ移ったことで、イスラエルにいる友人や子どもたち、それから可愛い孫たちにも頻繁に連絡が取れるようになりました。

何年もの間、反事実的思考（counterfactual thinking）（実際にはしなかったことや起こらなかったことに思いを巡らせること）の理論の展開において、デイル・ミラー（心理学者）との実り多い共同研究を楽しみました。[20] また、アン・トリーズマンとは、視覚的注意と対象知覚について共同研究しました。リチャード・セイラーとわれわれが行った公正さと保有効果の研究に加えて、ジャック・クネッチと私とで、公共財の評価に関する研究を行いましたが、これはかなりの論議を巻き起こし、私自身も考え方の上で多大な影響を受けました。この問題について、イラナ・リトフ（心理学者）と共にさらに研究を続けたところ、態度を金銭に置き換えることには、ほとんど気まぐれと言えるほどの尺度の選択が伴い、それによって、とても似通った価値観を持っているのに、どれだけの金額を支払おうと思うかについては、これと言った理由もなくまったく違った価値観を示す人もいるという考え方に辿り着きました。[25] このアイデアを、デイヴィッド・シュケード（心理学者）と著名な法学者のキャス・サンスティーンと共に懲罰的損害賠償金決定における恣意性《しいせい》に関する研究プログラムへと拡大し、これによって政策にいささかの影響を与えたかもしれません。[40]

ここ一五年間の私の研究の中心は、経験効用、つまり、人が実際に何かを経験することによってもたらされる結果の効用に関する尺度の、さまざまな側面を研究することに絞《しぼ》られてきました。私が関心を持っている効用とは、ベンサム（一七四八〜一八三二。哲学者・経済学者。「最大多数の最大幸福」を追求すべきと主張。幸福の計測に関心を抱く）やエッジワース（一八四五〜一九二六。経済学者。幸福の計測に関心を抱く）が思い描いたようなものです。しかし二〇世紀以降の経済学においては、私が決定効用と呼んでいる、選択から推論され、選択を説明するために使われる概念を重んじるあまり、経験効用についての議論は、なされることはほとんどなくなってしまいました。もし主体が完全に合理的であれば、おそらく経験効用も決定効用も、どちらも最大化するはずですから、この二つを区別することにはあまり意味はありません。でも、合理性を前提にできないのなら、その結果の質は評価するに足るものであり、経験効用の最大化は検証可能な命題ということになります。そしてまさしくその実験を、仲間と私で行ってみたところ、この命題が誤りであることが分かったのです。この実験では簡単なルールを使って、行為者《エージェント》に、たとえばホラー映画を観るとか楽しい映画を見る[22]、あるいは大腸内視鏡検査を受けさせる[22]というように、心地良い体験、もしくは苦痛を伴う体験をしてもらい、その体験に照らして全体評価をするという課題を行いました。それによると、全体評価は、心地良い体験、もしくは苦痛を伴う体験のピーク時の強さと、体験の終わった時点の快不快の強さによって大きく左右されるということが分かりました。体験時間の長さはほとんど全体評価に影響を与えることはないのです。

このルールを踏まえて、痛いほど冷たい水に六〇秒間手を浸《ひた》しておくという体験と、同じように痛いほど冷たい水に六〇秒間手を浸しておくけれども、その後三〇秒間、少しだけ水の温度を上げるという実験を行いました。時間は前より三〇秒間長くなりますから辛いのですが、最後は少しマシになるわけです。この二つの実験を行い、実験の参加者に二つの経験のうちどちらかを選んでもう一度体験するならどちらにするかと尋ねると、大半が時間の長い方を選んだのです[22]。この実験と、同様のもうひとつの実験[37]では、感情的な記憶が系統立った過ちを犯すために、人は自分が晒《さら》される可能性のある体験について間違った選択をすることが分かりました。この結果は、経験効用と決定効用を区別しない標準的な合理的モデルとは矛盾しています。私はこれを、合理性の仮説に対する新種の挑戦として発表しました[23]。

近年の私の実証的研究のほとんどは、友人のデイヴィッド・シュケードと共同で行っています。現在のわれわれの研究のテーマは満足(well-being)で、これは以前行った経験効用の研究に基づくものです。経済学者にも真面目に受け止めてもらえるような測定値を出すために、そのための設計仕様を備えた手段を開発するための学際的チームを組んでいます。

もう一つ、主要な仕事として、判断ヒューリスティックスの概念を最新のものにするための論文に取り組みました。これは、若い同僚のシェイン・フレデリックと緊密に協力して仕上げたものです。あらゆる言葉を的確に選び取ろうと苦労しましたが、おかげでエイモスと一緒にやった仕事に引けを取らないものになりました。[27] 私のノーベル賞受賞記念講演は、この論文を拡大したものです。

今後影響力を持つようになればと願う一つの研究の方向が、「対立的協力」のプロセスの進歩です。私はこれを、現在社会科学の分野で行われている議論における批判—回答—応答の形式に代わるものとして支持しています。[原注1] 当事者の一人として、また一読者としても、私はこれまでこうしたやり取りがお話にならないほど敵対的性質を持つことに驚き、あきれてきました。こういう議論の中では、ほとんど誰一人として間違いを認めようとはせず、また他人から何かを学んだことを認めようともしないのです。「対立的協力」には、共同研究を行うことによって議論するための誠実な努力が必要です……場合によっては、プロジェクトを指揮し、データを集めるための裁定者を合意の上で指名する必要があるかもしれません。議論の後で皆が完璧な合意に達しなければならないという期待がはじめからないので、「対立的協力」で共同執筆された論文は普通とは違ったものになることが多く、意見の不一致が共同執筆論文の一部として示されるのです。私自身、「対立的協力」によって書いた論文が三本あって、一つはトム・ギロビッチとヴィクトリア・メドヴェック、[11] それからラルフ・ヘルトヴィック（いずれも心理学者）との論文[33]（この論文ではバーバラ・メラーズが指名裁定者を務めました）、それからイギリスの実験経済学者のグループとの論文です。[4] メラーズらの論文の付録で、「対立的協力」を行うための詳しい手順を提示しています。もう一つのケースでは「対立的協力」を行うことについて共著者二人を説得しそびれたのですが、ここでは共著者と共に、回答―応答形式よりも建設的な別の手順を開発しています。共著者たちは私の論文の中の一行を批判しているのですが、通常のように不快なコメントをやり取りする代わりに、一緒に論文を書くことにしたのです。論文では、まず最初に、何についてわれわれの意見が一致したかを述べ、それから意見が合わなかった問題について一連の短い議論が続くという具合です[1]。議論をより効率的に行う手順も、私の業績の一部としてご記憶いただければ嬉《うれ》しく思います。

# エイモス・トヴェルスキー追悼《ついとう》（一九九六年六月五日）

大きな影響力のある人が亡くなるということは、その人一人がこの世からいなくなるというだけでは済みません。その人に影響を受けた一人ひとりの中で、何かが死んでしまうのです。エイモスは世界にたいへん大きな影響を与え、彼が亡くなった今、われわれの多くの人生は翳《かげ》り、勢いをなくしてしまいました。この世界はもう以前ほど知的ではないし、以前ほどのウィットもありません。あの、誰にも真似のできない深く明快な答えを、もう決してもらうことができない疑問が山ほどあります。原理と良識の絶妙なバランスで擁護《ようご》してもらえない基準が山ほど残っています。人生は以前の豊かさをなくしてしまいました。

モザイクの中に、エイモスの形をした大きな穴が空き、その空洞はもう決して埋まることはありません。埋められないのは、エイモスがこの世界における彼自身の場所を、彼の人生の場所を、そしてその死の場所さえも、形作って行ったからです。彼の人生、彼の世界を作り上げながら、彼は周りの多くの人の人生を変えて行きました。

エイモスほど自由な人を私は他に知りません。彼があれほど自由でいられたのは、彼が同時に誰よりも規律ある人だったからなのです。

エイモスがやりたくないと思うことをやらせようとした方もおいでになるかもしれません。でも、それに成功したという方はそうはおいでにならないでしょう。われわれの多くと違って、エイモスにはくだらない雑用や、中身のない儀式などを無理矢理やらせてまごつかせたりすることはできませんでした。そういう意味でも彼は自由で、われわれの羨望《せんぼう》の的だったのです。しかし、自由の反対側にあるのは、自らのやることに喜びを見出す力と、避け得ないことには創造力をもって適応する力なのです。喜びについては後で述べたいと思います。エイモスの、変えられないことを受け入れる力が何より試されたのは、人生の最後の数ヶ月間でした。エイモスは人生を愛していました。死は、まだ若い彼に残酷に襲いかかりました。子どもたちがまだ自分の足で人生を歩き始めもせず、彼自身の仕事も終わっていないのに。でも、エイモスは彼が生きたように死ぬことができました……自由に。彼は自分の思い通りに逝《い》ったのです。最後の瞬間まで仕事を続けたいと望み、その通りにしました。私生活を邪魔されたくないと望み、その通りにしました。家族の受ける試練をできるだけ軽くしたいと望み、その通りにしました。もう一度だけ友人たちの声を聞きたいと望み、その夢を手紙を通して叶《かな》える術《すべ》を見つけ、最期まで友人たちからの手紙を、喜びと悲しみと誇りをもって読み続けていました。

さまざまな種類の勇気がありますが、エイモスはそのすべてを備えていました。最後の数ヶ月、決してたじろぐことのない平静さを保ったのも勇気でした。市民として、道義に基づき評判を気にすることのない姿勢を取ったのももう一つの勇気、彼はそんな勇気も持っていました。そして英雄的な、ほとんど無謀と呼べるような勇気、そんな勇気も彼は持っていたのです。

思い起こせば、エイモスとの初めての出会いは一九五七年に遡《さかのぼ》ります。誰かが、痩《や》せたハンサムな中尉を指差したのです。空挺《くうてい》部隊の赤いベレー帽を被っていました。彼はヘブライ大学心理学科の学部課程に入るための、おそろしく競争率の高い入学試験を受けたばかりだということでした。ハンサムな中尉でしたが、ひどく顔色が悪かったのを覚えています。彼は負傷していたのです。

その時エイモスが所属する空挺部隊は、イスラエル国防軍の一般幕僚《ばくりょう》や大使館付き武官《ぶかん》全員を前に、実弾演習を行っていました。小隊長のエイモスは、部下の兵士の一人に、炸薬《さくやく》を詰めた長い金属のチューブを持たせました。彼らが攻撃していた地点の有刺鉄線の下にそれを滑《すべ》り込ませて炸裂《さくれつ》させ、これから攻撃を仕掛けようとしている部隊のために突破口を開こうという計画だったのです。兵士は前進し、炸薬を仕掛け、導火線に火を点けました。でもそこで、説明のつかないパニックに襲われた彼は、直立したまま凍り付いてしまったのです。導火線は短く、兵士が吹き飛ぶのは確実でした。するとエイモスが隠れていた岩陰から飛び出して兵士に駆け寄り、間一髪のところで彼に飛びつくと、爆発寸前になんとか押さえ込むことに成功したのです。怪我はその時のものでした。軍隊経験のある方ならきっと、こんなことをやるには信じ難いほどの冷静沈着さと勇気が必要だということがお分かりになるでしょう。この勇敢な行為を、イスラエル軍は最高の表彰で讃《たた》えました。

エイモスはこの出来事についてほとんど語ろうとはしませんでしたが、数年前、いつものようにわれわれが、人生における記憶の重要性について話し合っていた時、彼はこの件に触れ、これが自分の人生に大きな影響を及ぼしたと言いました。二〇歳の若者が、極限におけるテストに合格した、つまり不可能を成し遂げたということがどんなに大きな意味を持っていたかは、われわれにも想像がつきます。そんな経験から力を引き出すことができるのも分かります、特にエイモスの場合は、そんなほぼ不可能と思われることを成し遂げたのは一度きりではありませんでした。エイモスは、人がほとんどできそうもないことを何度も、違った状況で成し遂げたのです。皆さんもご存知のように、そんな不可能と思える偉業を、彼は研究生活の上でも成し遂げました。彼はある記録に密かな喜びを感じていました。それは、心理学界の権威ある学術誌である「サイコロジカル・レビュー」誌の百年を超える歴史の中で、誰も追随できないほどの大差をつけて、もっともたくさんの論文を発表したのがエイモスだったということです。亡くなった時、「サイコロジカル・レビュー」誌にはもう二本、彼の論文が印刷中だったのです。

しかし、彼の業績の他の面に目をやれば、この統計値よりもさらに驚くべきことが分かります。すでに揺るぎない古典となった至宝の研究の数々が、エイモスをさらに特別な存在にしています。初期の推移律違反（transitivity violations）の研究、属性による排除、類似性、そして一緒に研究した判断、プロスペクト理論、フレーミング、ホットハンド（hot hand）（スポーツなどで抜群の能力を発揮する人が持っているかのように見える特殊な能力）、分離効果（disjunction effect）と議論に基づく選択に関する美しい研究、そしてエイモスが特に誇りにしていた最新の成果であるサポート理論まで。

なぜこんなことができたのでしょう？　理由はいろいろ挙げられると思います。たとえば人が寝静まった夜中に仕事をするという、生涯変わることのなかった彼の癖も一役買ったには違いありません。しかし、それだけのはずはありません。それにあの知性がありました――他人の言葉の中の霧を吹き飛ばして、アイデアだけをくっきりと照らすあのまぶしい光線――そして成すべきどんなことに対しても、六通りのやり方を考え出すあの独創性も。この分野随一のずば抜けた頭脳と、この上なく効率的な仕事のスタイルがあれば十分じゃないかとお思いかもしれません。でも、それ以上のものがあったのです。

エイモスは問題を選ぶことに関する完璧なセンスがあり、結果的に重要でなくなるものには決して時間を無駄にすることがありませんでした。また、絶対確実な天性のコンパスがあって、どんな時も前進し続けました。長年一緒に研究した経験から、これは確かな事実と言うことができます。

一つの論文を仕上げるまでに、一〇以上の草稿を書くのは、私にとっては珍しいことではないのですが、書き直している間、いったいそれが良くなっているのかどうかに確信が持てず、ただ堂々巡りしているだけということもしょっちゅうです。エイモスと一緒に書いた論文のほとんどでも、やはり一〇以上の草稿は書いたのですが、エイモスと一緒なら、たとえ何度も書き直しはしたとしても、書くたびに着実に良くなっているのが分かるのです。

エイモスと私は、一九七四年の「サイエンス」に論文を書きました。一年がかりでした。エルサレムのヴァン・レアー研究所で、一日に四時間から六時間も共に過ごしました。うまく行った日には、実質的に一行か二行書き進めることができました。一分、一分がかけがえのない時間でした。それに、あんなに楽しかったことはありません。プロスペクト理論の仕事を始めたのが一九七四年、それからほぼ半年の間に、理論は三〇あまりのバージョンを経て、ついに学会で発表する準備ができました。論文のほぼ九〇パーセントはプロスペクト理論のアイデアで、極めて当然のことながら、ほとんど誰にも相手にされませんでした。それから四年間、あらゆる反論に備えるために、われわれは理論の欠陥を修正することにほとんどの時間を費やしました。

諦《あきら》めることなく努力し続けられたのは、エイモスがしょっちゅう言っていたこの言葉のおかげでした。「正しい方法でやろう」。決して先を急がず、早く仕上げるために質を落として妥協することなど考えもしませんでした。われわれがこの仕事を仕上げることができたのは、エイモスが、この研究は重要だと言ったからです。彼がそう言うなら、その言葉に間違いはありませんでした。また、その過程が極めて楽しかったからでもあります。

でも、これでもまだ十分ではありません。エイモスの天才を理解するためには――私はどんな言葉も軽々しく使うことはありません――彼が、この数年特に頻繁《ひんぱん》に言うようになったこの言葉を考えなければなりません。それは「大地の与えたもうものを受け入れよう」という言葉でした。日々深みを増して行く知恵をもって、エイモスは、心理学とはほぼ不可能な仕事であると考えるに至ったのです。重要であり、かつ確実に真理であると言えることなどほぼなきに等しいからです。「大地の与えたもうものを受け入れよう」という言葉の意味は、身の程を知り、問題を設定すること、すなわちそれが必ず解けることだと信じてはいけないという戒《いまし》めだったのです。

エイモスの類《たぐ》い稀《まれ》な能力は――これに追随する人は他には一人も思い当たりませんが――大地の上で作物ができるたった一つの場所を確実に見つけること（そしてエイモスの場合、その作物とはたいてい金《きん》なのです）、そして、見つけたすべてを収穫するということでした。すべてを収穫するという能力こそ、エイモスの論文の非常に多くが、単に古典というだけでなく、決定的な最終稿になった理由なのです。エイモスがやったことは、やり直しの必要がありませんでした。これ以上範囲を広げるかどうかは、ほぼ三〇年間に渡るエイモスと私との関係の中で、実にしばしば争われる争点であり、その緊張のお陰で何かが生まれることもとても多かったのです。私はエラーを犯すリスクなしにできる以上のことを常にやりたがり、明らかに誤りであるよりは、だいたいにおいて正しいということの方に常に誇りを持ってきました。一方、エイモスの方は、もし適切な大地を選んだなら、もう選択する必要はない、なぜならそれはまさに一〇〇パーセントの正解である可能性があるからだと。そしてエイモスは、重要な問題について、まさに一〇〇パーセントの正解を出し得ることを繰り返し証明して見せてくれました。賢明さも彼の天才の一部だったのです。

愉快であることもまた、エイモスの天賦《てんぷ》の才の一部でした。問題を解決することは、彼にとっては生涯変わらずこれ以上ないほど嬉しいことであって、彼があまりにも問題解決の才に恵まれすぎているということによって、その喜びが幾分でも殺《そ》がれることはけっしてありませんでした。

人とのつき合いも楽しみの多くを占めていました。エイモスの仕事のほとんどは、誰かと共同で行ったものです。彼は仲間や学生と一緒に研究することを心から楽しんでいましたし、それがとても得意でもありました。彼があまりに楽しそうなので、誰もがつられて楽しくなってしまうのです。われわれが共同で研究を行った一二〜一三年間は、人付き合いにおいても研究の上でも至福の時でした。何もかもが面白く、ほとんどなんでもが可笑《おか》しくてたまらず、アイデアが形を成して行くのを見るたびに、また嬉しくてたまらなくなりました。その頃われわれ二人の間では、相手の言おうとしていることを、言った本人よりも聞いている方がより深く理解してしまうという摩訶《まか》不思議なことが、何度も、何度も起きました。昔ながらの情報理論の法則に反して、われわれの間では、受け手の側が送られた情報よりも多くを受け取ってしまうということが普通だったのです。こんなことは、彼以外との間ではほとんど起きたことはありません。もしこんなことが起きないのなら、共同研究がどんなに素晴らしいものかを知ることもできないだろうと思います。

# 第3章

# 効用最大化と経験効用

# 序

効用はどんな時も最大化されるものであると仮定すると、欲求の性質について驚くべき推論をしてしまうことになる。それは、人間はいついかなる時にも合理的な選択をするはずだという考え方につながる。こうした方法論にはいろいろと使い勝手があるし、経済学者にとっては紛《まぎ》れもなく魅力的ではある。だがこれは、いまだに実証されていない危うい土台に立ったものだ。このコラムでは、検証可能な効用最大化仮説の一つについて論じて行くことにしよう――それは間違いだ、ということが分かる。

効用という言葉には二つの意味がある。われわれはまずその二つの意味の違いをはっきりさせるところから分析してみよう。まず「決定効用」だが、これはwantability（好ましさ）とも呼ばれている。これは選択から推論され、なぜそういう選択をするのかを説明するために使われる用語だ。一方、「経験効用」というのは、結果と結びついた快楽体験である。この意味での「効用」はジェレミー・ベンサムが提起したもので、一九世紀の経済学者が効用と言う場合は、たいていこちらの意味だ。たとえばエッジワースの『数理心理学』[10]にはこれが明白に示されており、しかも幸福とは瞬間的な経験効用の経時《けいじ》的な総和であるとまで定義されている。しかし、効用が「決定効用」と解釈されるようになった二〇世紀の初めになると、経済学の論文で「効用」という言葉が経験の一面という意味で使われることはほとんどなくなった。

以前の効用の解釈によれば、選択が効用を最大化するかどうかという疑問には、ごく単純な一つの意味しかなかった。つまり、人は自分にとってもっとも好ましい選択肢を選ぶかどうか、ということだ。しかし、経験効用と決定効用の区別を無視する現在の意思決定理論では、問題のあり方は非常に異なる。つまり選好は選好同士がお互いに、また合理的選択の公理に矛盾しないかどうか、ということが問題とされるのだ。アレ[1]やエルズバーグ[9]のパラドックス（P109訳注＊10参照）からフレーミング効果に至るまで、長きに渡って続けられてきた効用理論に対する現代の一連の挑戦によって、選好は矛盾するということが明らかにされてきた。このコラムでは効用の最大化について、選好はその結果としての経験を最適化するかどうかという昔ながらの疑問に戻って、実証的な疑問に関する概説をしてみよう（この線に沿った、もっと前の研究については、カーネマンの論文[18]を参照のこと）。この連載コラムではこれまで、効用を最大化する選択にとっての一つの必要条件について、かなり多くの議論をしてきた。選べる選択肢からどんな満足な結果が得られるかを、正確に、あるいは少なくとも先入観に左右されずに予想する経済主体の能力についてだ。われわれが調べた研究では、この条件は満たされていない。人は必ずしも自分の好みが分かってはいないし、選択の結果としての未来の経験を予想するに当たって、系統的なエラーを犯すこともしょっちゅうで、その結果、経験効用を最大化するのに失敗してしまう。

消費者が $t_0$ という時点で選択をする時、後の $t_1$ という時間に自分が経験するはずの結果の効用を予測するものと仮定してみよう。われわれが快楽予測と名付けたこうした効用の予測は、明白なこともあるし（従って観察することができる）、はっきりとは示されないこともある。はっきりと示されない場合、$t_0$ の時点での主体の選択から推測しなければならない。快楽予測における系統的なエラーは、いくつかの方法で示すことができる。一つは経験効用を直接計測し、それと快楽予測とを比較する方法。もう一つは、選択した結果が、あからさまにより悪い経験につながるような状況をわざと作る方法。そしてまた別の一つは、快楽予測や選択が、明らかに関係ない要因によって影響されているのを示す方法だ。

たとえば、恐ろしくお腹を空《す》かせたある買い物客（昼食を食べそびれたのだ）が、月曜の午後遅く、週に一度の食料の買い出しに出かけたとしよう。とんでもなく腹が減っているという今の状況によって、これから一週間（いつも通り会社で昼食を食べるような日の）の夕飯用としては多すぎる量の買い物をしてしまうとすれば、彼は予測エラーを犯し、それによって間違った選択をしてしまうことになる。以下に示すように、こういう予測エラーはさまざまな理由で起こり得る。快楽予測のほとんどは、注意深く考え抜いた結果ではなく、むしろ直感的なもので、また他の直感的判断にも見られるようなバイアスにも影響を受けやすい。[29][15] 熟考の上で意識的に推理して出した答え（たとえば一七×二四はいくつか、という問題に答えるプロセスなど）とは違って、直感的判断は、無意識に心にわき起こる印象（もしくは感情や即座の選好）を表現する。心理学の専門用語では、そうした考えは「非常にアクセスしやすい」とされる。

直感的思考を支配するヒューリスティックスの多くには、置き換えプロセスが関わっている。人は難しい問題に直面すると、それに関連する別の問題の答えが先に心に浮かんでくることがよくある。違う問題に答えているなどとは思いもせず、アクセスしやすい答えが必要な答えの代用として採用される。[29] たとえば、お腹を空かせて買い物に行き、美味しそうな食べ物を見て涎《よだれ》を流す人は、特別お腹が空いていない木曜の夜のことについて冷静に予測する代わりに、今現在の空腹状態で決定を下すかもしれない。多くの場合、そうした置き換えられた答えは、最終的な判断や決断の決定要因の一つにすぎない。しかしこうした代用は、訊かれてもいない質問に対して非常にアクセスしやすいという理由だけで答えてしまうという、アンカリングと言われる方向性のバイアスにつながる。

ある人が $t_0$ の時点で決定を下し、その決定が後の $t_1$ の時点における消費に影響を与えるというケースについて考えてみよう。$t_0$ の時点でのその人の状況や心理状態が、決定を下す時点で心に浮かぶ直感的評価に影響を与える。$t_1$ と $t_0$ の状況が異なるとすれば、$t_0$ の状態を反映する判断や決定にはバイアスがかかりやすいだろう。その簡単な例として、以前行われたこんな研究がある。被験者たちは、まったく甘みのないプレーンヨーグルトを一匙《ひとさじ》舐《な》めて、直後にその経験を評価する。その後、これと同じヨーグルトをカップにまる一杯食べるとして、それをどう評価するかを予測するように言われる。すると、強いアンカリング効果が見られた。被験者のほとんどは、まるごと一カップ食べるのと、スプーン一匙だけ舐めた時とに、誤って同じ評価を与えた。嫌いな味のものを大量に食べる方が、ほんの一口食べるよりもよほどひどいことを明らかに予測し損なっていた。

誤解してほしくないのだが、われわれは、人が自分は何が好きかが分からないと言っているわけではない。たとえば$t_1$が$t_0$の直後だったり、あるいは十分に馴染みがある経験の場合は、自分の好みが分かっていることは確実だ。同じ皿からスープを飲む時に、一匙目と二匙目の味の違いに驚くなどということは滅多にない。しかし、人は自分が「将来」何を好むかについては必ずしも分かっているわけではないし、中でも$t_1$と$t_0$の間の時間的な経過が長く、自分の置かれた状態や環境の差が激しい時には、もっともひどいエラーを犯しやすい。このコラムでは、快楽予測と選択のエラーが確認された四つの領域について検討して行こう。つまり、

一　$t_0$と$t_1$の間で、その人の感情や動機の状態が非常に異なる場合

二　決定の性質が、それが実際に経験される時には明らかにならないような結果の側面に焦点を当てるものである場合

三　過去の経験についての間違った評価に基づいて選択が行われる場合
四　人が、今後の自分の人生において新しい環境にどう適応するかを予測する場合
である。

## 現在の感情状態の影響

「腹ぺこの買い物客」の例は、多くの研究で組織的に調査されてきた命題を例証している。つまり、将来の快楽や感情の状態の予測は、現在の感情や動機の状態にアンカリングされるということだ。この結果は、「投影バイアス」[24]と呼ばれる。消費者が現在の自分の精神状態を、将来の精神状態に投影しているように見えるからだ。特に、ローウェンスタインは、彼が「ホット（熱情）時とコールド（冷静）時の共感性のギャップ」と名付けた現象を証明している。空腹、性欲、怒りなどによって興奮している時、人は、自分が「冷静な」時にはどんな行動をするかを見誤り、逆に冷静な時には、興奮の影響を見誤る。どちらの状況でも、現在の状態からの変化が与える影響の大きさを見くびっているわけだ。

「腹ぺこの買い物客」は単なる仮説ではない。お腹が空いたまま買い物に行った客は、現在の腹ぺこがこれから先も永遠に続くかのように食物を買う傾向があるが[25]、スーパーマーケットに

足を踏み入れる前にマフィンをもらって食べた客は、予定していた買い物だけに留《とど》める率が高いのはすでに証明済みだ。[13] この影響については、簡単に説明がつく。つまり、今現在の腹ぺこ状態によって、食べ物の魅力が増しているのだ。もちろん、「腹ぺこの買い物客」にとっては涎が出るほどたまらなく魅力的に思えたご馳走（あるいはポテトチップスの袋）も、後になって実際に食べる時にはその魅力の大半をなくしていることも十分考えられる。同じような影響は、違う動機でも起きることが分かっている。たとえば、バッジャーら[2]はヘロイン中毒者の研究において、投影バイアスを立証している。ヘロインの代用品であるブプレノルフィン一服分をまだ受け取っていないヘロイン中毒者は、すでにブプレノルフィンを服用し、今のところ十分満足している中毒者よりも、五日後に届けられるもう一服分に対して、かなり多い代金を払っても良いと考える。もっとありふれた例では、コリンら[7]の研究で、カタログ通販で電話注文をする人は、現在の天候に過剰に影響されやすく、後になってみると欲しくない品物を買ってしまう傾向があることが分かっている。たとえば、とても寒い日に購入した暖かい衣料品は、後になって結局返品されることが多い。

もう一つ、リードとファン・レーベン[26]が、投影バイアスを証明している。このケースは会社員を対象にしたもので、会社員たちがおそらく空腹であろう時間（午後遅く）と、満腹であろう時間（昼食直後）に、間食としてヘルシーな食べ物とヘルシーでない食べ物（果物とチョコレートバー）の一方が一週間後に配られるが、どちらがよいかを選んでもらうというものだった。空腹な時に選択した者もいたし、満腹時に選択した者もいた。すると、主として二つのことが分かった。一つは、空腹であると予想される時間用には、会社員たちはカロリー過多のスナックを選ぶ傾向が高いこと。これは、正しい快楽予測を表すものだ。満腹な人に比べて腹ぺこの人は、「今すぐ食べられる」ものとして、果物よりもチョコバーを選んでしまう傾向が高いのは確かだ。しかし一方でもう一つ分かったのは、「選択する時点で」腹ぺこだった人たちも、やはり不健康なスナックを選びがちであることだった。

投影バイアスは、効用最大化に反している。来週おやつを食べる時の楽しみが、それを選んだ時点の空腹の度合いに左右されることなどほぼあり得ないからだ。また、ある一つの結果について別々の面があり、それぞれの顕著なところが、選択を行う時点と、それを実際経験する時点で異なる場合、現在の時点にアンカリングすることによってエラーが起きてしまう。お金を払ってスポーツクラブに入るというのがその一例だ。入会の時点では、健康のためということに気持ちが集中しているが、後になって本当にトレーニングに行くかどうかという段になると、他のさまざまな気持ちの方が大きくなることは大いにあり得る。気持ちの中で何が一番突出するか、その変化を予期できないことによって、会員権は買ってみたものの後になってまったく利用しない、あるいは利用してもほんのちょっとという人が大勢出ることになる（デラ・

ビニャとマルメンディア、近刊（既に発表されている））。

もっと一般的なことで言えば、道徳的で高尚《こうしょう》な選択をするような時、将来その選択に従って行動しなければいけなくなった自分に思いを馳《は》せていないということもある。リードら[27]がこの現象を見事に例示している。彼らは、いくつかの映画を無料でレンタルすることができるクーポンを被験者に配るという実験をした。被験者は、二つのタイプの映画がレンタルできる。一方は、啓蒙的、もしくは「高尚な」映画（たとえば『シンドラーのリスト』）、もう一方は低俗で面白いもの（『めぐり遭えたら』のような）だ。映画は、選んだその日の夜、もしくは翌日のどちらかに見ることができる。すると、今晩見るためには低俗な映画を選ぶ傾向が強かったのに対し、翌日見るために借りるのは高尚な映画にする人が多かった。より後に見る映画を選ぶのであれば、自らを高めたいという欲求が勝り、一方、すぐ後で見るものを選ぶ際にはリラックスしたいという気持ちの方が勝る。こんな矛盾した選択が、どちらも効用を最大化しているとは思えない。

## 選択状況の影響

この節《せつ》で紹介する研究には、$t_0$と$t_1$の時点で人がどれほど違っているかの探求、そしてそれによって決定や予測における財の効用と、実際の経験におけるその効用の間に矛盾が引き起こされかねないことについての探求が含まれている。こうした違いの原因として、$t_0$の時点で行われるタスク（作業、課題）の二つの側面が検討されてきた。つまり、そのタスクが、たった一つの財について評価すればいいだけなのか、それとも競合する二つの財の価値について比較をしなければならないのかということ。それから、一つの決定が、別々の時点で消費されるいくつかの財を含んでいるのかということである。

　財は、他の財との明確な比較によって評価される（一括《いっかつ》評価）こともあるし、あるいはそれ単独で評価される（個別評価）こともあり得る。二つの財の間でどちらがより好ましいかのランク付けは、どのくらいの対価を支払う気があるか、あるいは格付けによって行われるが、お互い同士が明確に比較される場合（一括評価）と、別々に評価された場合（個別評価）とではおそらく違ってくるはずだ。シー[16]は、こうした選好の逆転を作るメカニズムの一つを実証している。品物の微妙な違い（たとえば微妙に異なる色合いの二つの紫のランプのかさ）は、直接比較すればはっきり分かるはずだが、同じ違いでも、二つを別々に評価すればまったく気づかないだろう。だから、ある品物の属性がどの程度目立つかは、一括評価と個別評価でまったく異なるというわけだ。

　シーによる研究[16]では、消費者が選択を行うという状況においても、これと同じ逆転が起きることが確認されている。消費者は一括評価によって選択を行うことが多い（たとえば、家電店の店先でテレビを比較する）が、選んだ後に経験するのは、自分の選んだ結果だけだ。この点を説明するために、シーはこんな説得力のある例を挙げている。たとえばあなたがステレオを買いに出かけて、家電店で色んなモデルを比較検討しているとしよう。選びに選んで、ようやくAとBという、よく似た二つのモデルに選択肢を絞り込んだ。Aのスピーカーは Bよりもいくらか音質は良いが、見た目がひどい。さてこの場合、あなたならどちらを選びますか？ 家電店の店先では、あなたは両方のモデルを比較して、一括評価をしている。しかも、あなたは音質に集中していて、この点の些細《ささい》な違いにも大きな比重を置いているに違いない。しかし実はあなたのタスクは、自宅で音楽を聴く時にスピーカーから得られる効用を予測することなのだ。自宅では、スピーカーは一台しかないことになるわけだから、ここでは個別評価を行うことになる。比較対象の基準なしに、音質のわずかな違いなどにはほとんど気づくこともないだろう。それにひきかえ、見た目が醜いか美しいかは、比較するまでもなく評価できる。つまり、消費者は、音質の些細な（しかし店頭では目立つ）違いにあまりに心を奪われ過ぎ、見た目にはあまりにも注意を向けなさすぎるという、シーの言う間違いに影響を受けやすい。

タスクのためには明らかに必要でない場合でも、比較の影響は起きうる。モアウェッジらの二〇〇五年の研究では、被験者たちは、数分後にポテトチップスを食べるのをどれくらい楽しめるかを予測するよう求められた。ある実験では、被験者はポテトチップスの脇に置いてあるチョコバーも見ることができた。別の実験では、チョコバーの代わりにイワシの缶詰が置いてあった。すると、関係のない食べ物の存在が、未来の楽しみに対する被験者の予測に影響を与えた。チョコレートを置いた方の場合では、楽しみが減少したのだ（被験者は、イワシよりもポテトチップスが好きで、しかもポテトチップスよりチョコレートが好きだったのだ）。実験では比較は求められていなかったが、被験者の予測においては比較が行われていた。しかし、実際にポテトチップスを食べる段になると、テーブルの上にそのまま置いてあった関係のない食べ物に、楽しみが影響を受けることはなかった。食べるという経験それ自体は、今現在口にしている食べ物だけに集中するものであって、食べている最中には比較は行われないのだ。

選択する時の状況と経験する時の状況の違いに関して、これとは異なるタイプの矛盾が、連続して消費する物を同時に選ぶ時に起きる。その一例が、CDプレイヤーに連続してかけるCDを選ぶというものだ。[28] 順番を組み立てるには、必然的に「多様さ」という属性が浮かび上がる（CDの場合は、歌い手と音楽の種類のバラエティ）。しかし、組み立てられた順番に従って実際に消費される時には、「多様さ」はそれほど目立たなくなる。その結果、人は自分が実際に楽しむよりも、より「多様な」選択をしてしまうことが多い。また、構成要素を全部いっぺんに選択する時よりも、一つ一つ選択する時の方が、「多様さ」は際立たない。

この現象についての初めての論文[35]では、学生たちは、六つのスナック菓子（たとえばスニッカーズバーとかオレオクッキーなど）の選択肢のうちから三つを、三コマの授業用にそれぞれ一つずつ選んだ。同時に選択を行うグループの方は、最初の授業の間に三つのスナック全部を選んだのに対し、逐次《ちくじ》選択するグループは、それぞれの授業のたびに一つずつ選んだ。同時に選択した被験者はたいてい、それぞれの授業に違うスナックを選んだのに対し、逐次選んだ被験者は、毎回同じスナックを選ぶことが多かった。ここでも、「特に訊かれたわけではない質問」については、答えが非常にアクセスしやすいことが、決定にとって重要なことらしい。たとえば、今何が食べたいかを思い描くよりも、一週間後に何を食べたいかを想像する方が、認知の上では大変な作業だ。ここにおいて「訊かれていない質問」というのは、選択をしようという今の時点で、被験者は同じ種類のスナックを三回分買いたいのか、それとも別々の種類のスナックを買いたいのかということだ。サイモンソンとウィナー[36]の研究によれば、実際の買い物でも同じ行動が見られるということだ。ヨーグルトのパックを同じ数だけ買った家族は、一回の買い物でいっぺんに買う時の方が、何回かに分けて買う時よりも、バラエティに富んだ味の商品を買っていたのだ。

リードとローウェンスタインは一九九五年の論文で、何かを同時に選択する際にあまりにバラエティを求めすぎることを指して、「多様性バイアス」という用語を作った。この用語は、逐次選択の方が経験効用が高くなるということを暗に示しており、この予測はいくつかの調査で確認されているが、これらの調査において参加者は、逐次に決断した場合と連続して決断した場合の楽しさを報告する実験で、どちらの方が楽しかったかを報告している。たとえば、リードら[28]の行った調査の参加者たちは、オーディオトラック二つ（音楽もしくはコメディ）を、逐次、もしくは同時に選んだ。同時に選んだ場合の方が、選択はバラエティに富んだ結果になったが、バラエティに富んだ組み合わせよりも、バラエティの少ない組み合わせの方が楽しみの度合いは大きかった。著者たちによれば、同時に決定をすることによって、バラエティという属性が、選択する時点での方が、現実にそれを消費する時点よりももっとずっと目立つことにつながると言う。その理由の一つは、同じカテゴリーに含まれる二つのもの（たとえば両方ともロックバンドであるU2とローリング・ストーンズのアルバムのように）は、ジャズやクラシックまで含めた広い音楽カテゴリーの中でみれば非常に似通ったものに思えるけれども、実際に続けて聴いてみればそれぞれまったく違っているということだろう。

## 過去に学ぶ

消費者の選択には、たとえば馴染みのメニューのあるレストランに行く時のように、すでにしたことのある経験を含むものも多い。そうした場合、選好や快楽予測は、個人的な記憶から情報を得ているから、絶対正確なはずだと思われる。実際、お馴染みのメニューから選択する場合、快楽予測が大きく外れてびっくりするということは少ない。しかし、以前たまたま経験したことがある事柄の評価に基づく快楽予測は、もしその記憶にバイアスがかかっていた場合、やはり偏《かたよ》ったものになるだろう。そうした記憶効用（remembered utility）のバイアスの源がいくつか確認されている。未来の予測と同じように、過去の評価も、その評価が下された時のその人の感情の状態に縛られている。[37] また、そこから派生した結果についての全体的評価は、その経験のある部分を体系的に重視しすぎ、それ以外の部分を軽視しすぎる。こうしたバイアスが効用の最大化を阻害《そがい》することには、なかなか逆らえない。

こうしたバイアスのかかった過去の評価は、初期の一連の実験で確認されているが、その参加者たちは、たとえば、楽しい映画とホラー映画とか、耳障《ざわ》りな大音響、痛みを伴う医療処置[32]など、快楽の度合いも継続時間もさまざまな、過去を振り返る評価について報告している。またこうした実験のほとんどにおいて、参加者たちはジョイスティックを使って、あるいは定期的に質問に答えることによって、現在の経験の質について継続的に、あるいは断続的に報告をしている。こうした研究における遡及《そきゅう》評価からはっきりしたことは、「継続時間の無視」と名付けられた。つまり、出来事の遡及評価は、経過時間の違いにはまるっきり無関係だったのだ。

楽しい経験、不快な経験両方についての被験者の遡及評価は、ピーク・エンドの法則[*1]で説明がつくものだった。ある経験の中のもっとも極端な瞬間と、その終わりの時点の単純平均によって、かなりの精度で遡及評価を予測できたのである。

ピーク・エンドの法則は、苦痛を伴う出来事の持続時間を増やすことは全体的な効用を高めることにはつながらないという、合理的評価の基本原則である時間的単調性の法則に抵触《ていしょく》している。ピーク・エンドの法則によれば、ピーク自体は変えず、しかしエンド（終わり）の時点では始めほど経験がひどいものではないようにしておけば、苦痛の時間を延ばすことによって、全体評価を改善することができる。この結果を実証するため、カーネマンはフレデリクソンらとの共同研究[20]において、被験者たちに対して「コールド・プレッサー・テスト（the cold-pressor test）」と呼ばれるテストを三回行った。このテストでは、被験者は痛いほど冷たい水に手首まで浸《ひた》し、実験者が良いと言うまで水から出してはいけない。最初の二回のテストはこんなふうに行われた。短い方のテストでは、摂氏一四度の水に片手を六〇秒間浸《つ》けた。長い方のテストでは、やはり摂氏一四度の水に片手を六〇秒間浸け、その後の三〇秒間、水温を徐々に摂氏一五度にまで上げて行った。二つのテストの間隔は七分開け、試行の順番は被験者を

＊1　ピーク・エンドの法則　経験の快苦の記憶は、ピーク（最高値または最低値）とエンド（最後）の快苦の程度によって決まるという法則（第1章P58～にも具体例についての言及有）。

半々にして平等になるように変えた。被験者はジョイスティックを使って、この経験の痛みの強さを絶え間なく報告した。どちらの状況でも、報告された痛みの平均値は、短い方のテストが終わった六〇秒後では、〇《ゼロ》から一四までのレベル設定で八・四だった。一方、長い方のテストの平均値はたった六・五だった。つまり、まだいくぶん苦痛ではあるものの、ピークとエンドの平均ははっきりと改善していたのだ。

二回目のテストを終えた七分後、被験者は、三回目のテストとして前の二つのどちらかを選ぶように言われた。すると全体として三二人中、二二人が長い方のテストを選んだ。つまり、避けることが出来るのに、三〇秒間余分な苦痛にさらされるということだ。長い方のテストの終わりの三〇秒間に苦痛が和《やわ》らぐと伝えた被験者の八〇％（二一人中、一七人）が、長い方のテストを再度受けることを選んだ。苦痛の度合いは変わらないと報告した残りの一一人の被験者は、長い方と短い方のテスト両方に均等に分かれた。どちらの結果も、ピーク・エンドの法則で予測された通りだ。

さまざまな状況で、これと同じような時間的単調性の法則の侵害が観察されている。たとえば、大腸内視鏡検査の臨床実験では、患者の半分を無作為に選び、その人たちの内視鏡を取り除く前に、約一分間大腸内にそのまま留めておくことにした。[29] 余分な一分間は不快ではあるものの、さほど痛いというわけではなかった。[原注1] この操作をしたところ、大腸内視鏡検査に伴う痛みの遡及評価は大いに改善し、またその後五年以内にもう一度大腸内視鏡検査を受けてみようという人の数も、わずかだが増えた。不快なほどの大音響のエピソードのどれを選ぶかに関しても、優越性の侵害（＊P49訳注8参照）が見られる。[32] 不快な騒音の後に、少しだけボリュームを下げた時間を加えることによって、記憶の中での嫌悪感は減り、もう一度聞いても良いと思う傾向も強まるのだ。

こうした実験における時間的単調性の侵害は、意図したものではない。被験者には時間的単調性の法則が妥当であることが分かっているし、ちゃんと注意している時にはその法則に従う。確かに、冷水実験で長い方のテストと短い方のテストを言葉で説明されれば、被験者たちは短い方のテストを選ぶ。しかし、自分の記憶に基づいて選ぶ場合、彼らの選好は、過去のエピソードを評価する一要素としての持続時間を無視したものになるのだ。

## 適応の予測の誤り

人は人生の中で、時に長期に渡る変化についての快楽効果を予測しなければならないことがある。社会心理学者のダニエル・ギルバートとティモシー・ウィルソンは、この精神活動を「感情予測」と名付けた。人生における変化の多くは、もっと幸せ（happiness）になりたいとか、不幸から抜け出したいといった望みに突き動かされた結果であり、必然的にそうした状況が快楽に及ぼす影響を考えることになる。私たちは、これから結婚しようという友だち、離婚しようというカップル、終身在職権を認められる教授、認められない教授、中西部からカリフォルニアに引っ越す人、その逆の方向に引っ越す人などの幸せや不幸を予測する。また、金持ちであることや貧乏であること、太り過ぎであることや筋骨たくましいこと、老いていることや若いことなどが満足（well-being）にどう影響するかを、強力な直感力で洞察する。こうした直感や予測は、仕事や結婚、離婚、カリフォルニアへの引っ越しなどの決断にも関係がありそうだ。ギルバートとウィルソン[11]が指摘したように、感情予測のミスによって間違った選択が引き起こされる可能性がある。彼らはこれを「欲求ミス（miswanting）」と名付けている。

感情予測と満足に関する直感理論については、多くの研究がなされているが、その重要な結果は、「焦点を絞ることによる錯覚（focusing illusion）」と言われてきた。これを、シュケードとカーネマン[31]はこんな格言としてまとめている。「あなたがそのことについて考えている時に重大だと思うほど、人生において重大なことは何もない」。言い換えれば、人は意識を集中させる時、それが生活のどんな面であっても、その重要性をあまりにも誇張してしまう傾向が強烈にあるということだ。このバイアスは簡単に説明がつく。生活における環境の変化の影響を評価するタスクは、必然的に明確に変化する面に注目を惹《ひ》き付けるのだ。たとえば、カリフォルニアに引越すことを考えるとすれば、あるいは「カリフォルニアの方が人々は幸せだ」という命題を評価するとすれば、気候について考えることが重要になりそうだ。しかし、こんなふうに注目すべき点を選び出すことによって、判断にバイアスがかかってしまうかもしれない。その理由は、少なくとも二つある。

一　投影バイアスの場合と同じように、ある結果のある属性に注意が集中している時に下す予測は、もし将来の肝心な時に同じ属性に注意が「向けられない」のであれば、結局間違いになってしまいがちであるから。

二　ほとんどの場合、感情予測は、注目の焦点でありつづけるはずのない結果を扱うものだから。

シュケードとカーネマン[31]は、もしカリフォルニアに住んだら今より幸せか、という疑問に対する「焦点を絞ることによる錯覚」を観察している。これはアメリカ東部もしくは中西部に住んでいるわれわれの多くが一度は自問したことのある疑問だ。二人は、中西部の大きな大学二校と、南カリフォルニアの大きな大学二校の学生に聞き取り調査を行った。学生たちには、自分自身について、あるいは、上記二つの地域の大学の一つのうち、自分とは別の側に住んでいる「あなたと同じ価値観と関心を持った学生」の生活上の満足に関して、一連の質問をした。すると、カリフォルニアの学生も中西部の学生も、両方ともカリフォルニアの学生の方が大いに幸せに違いないと思っていることが分かった。しかし、自分自身の幸せに関しては、二つの地域とも似たり寄ったりだった。これは簡単に説明がつく。自分自身の満足について言うように求められた時には、たいていの人は生活の中心的な側面に焦点を当て、天気などにはあまり注目しないものだ。しかし、別の場所に住む誰かの幸せについて想像する場合には、地域の違いという側面が大きく浮かび上がってくる。だから、感情予測においては、実際の満足よりも、天気の方がより重要になるのだ——だからこそ、これがバイアスとなる。[原注2]

「焦点を絞ることによる錯覚」によって、満足についての研究における二つの主要な疑問が解ける。疑問の一つは、人というものが生活における重大な変化に驚くほどうまく適応するということだ。それがたとえば下半身不随《ふずい》になるとか、宝くじに当たるというような劇的な変化であってもだ。こうした大事件は、満足や惨《みじ》めさに直接大きな影響を与えるはずだが、その影響は束《つか》の間しか続かない傾向がある。二つ目の疑問は、一つ目の観察（人のすぐれた適応力）が多くの人にとって意外なことだということだ。適応は至る所で見受けられるにもかかわらず、感情予測を導き出した、満足に関する初期の単純な理論では、これはほとんど指摘されていない。たとえばカーネマンの二〇〇〇年の実験の回答者たちは、下半身不随の人を個人的に知らない限り、その患者が麻痺《まひ》を患《わずら》ってからたった一ヶ月だと聞かされた場合にも、まる一年と聞かされた場合にも、患者の気分について同じような予測をした。時間に対する無感覚は、宝くじの当選者の気持ちを予測した時にも同じように見られた。ここでもまた、実際に宝くじに当選した人を個人的に知らない限り、回答者たちは宝くじの当選者について、当選してから一ヶ月後でも、あるいはまる一年後でも、同じレベルの幸福感を味わっているだろうと予測した。一方、どちらの場合にも、それぞれのケースに該当する例を実際に知っている回答者の回答パターンは、実例を知らない回答者の回答パターンとは異なっていた。下半身不随になったばかりの絶望感の予測や、宝くじに当たった当初の幸福感の予測では、個人的に事例を知っているからと言って大した違いはなかった。重大な事件が起きた当初の感情的反応を素朴に予測するのは、おそらく正確であることが多いと思われる。しかし、実際の事例を良く知っている回答者だけが、当初の絶望感や幸福感は、それが起きてから一年後にはほとんど消えてしまうことを知っていた。

目をそらすこと。それが、たとえば下半身不随になるとか、突然大金持ちになるとか、結婚するとかいった生活の変化に適応するための主要なメカニズムだ。普通、人が注目することは、何かしら新しいことに関連している。だから、下半身不随になったばかりの人や、宝くじに当たったばかりの人、新婚の人は、常に自分がその状態にあることを気にしている。しかし、新しい状態がその目新しさを失ってしまえば、それはたった一つの注目の的ではなくなり、生活の他の面が再びさまざまな快楽反応を引き起こすようになる。研究によれば、下半身不随の人は、麻痺の原因となった事故から一ヶ月も経てば、生活の半分以上の時間はごく機嫌良く過ごしていることが分かっている。直感による感情予測は、明確な個人的な知識によって訂正されない限り、こうした注意の適応を見落としてしまう。

ギルバートとウィルソンは、感情予測のバイアスについての組織的実験計画を実行した。その中で、彼らが適応の過小評価の証拠であるとする、いくつかの「継続時間バイアス(duration bias)」の実例を報告している。その代表的研究[14]の中でギルバートらは、テキサス大学の現在と過去の若手講師たちにインタビューした。現在の講師たちは、「生活上の満足」について一連の一四の質問（大まかに言えば、最近どの程度幸せですか、というようなもの）をされ、その後、もし終身在職権を与えられた場合、あるいは拒絶された場合、人生のいろいろな段階でどのくらい自分が幸せだと思うかを尋ねられた。過去の講師たち――今は昇進している人もいたし、そうでない人もいた――も、同じように幸福感について尋ねられた。被験者は二つにグループ分けされた。一つのグループは、過去五年間以内に終身在職権に関する決定がなされた者、もう一つは終身在職権に関する決定が六年から一〇年前になされた者だ。現在の若手講師たちは、終身在職権を得られれば、短期間（最初の五年間）には幸せに感じるが、それ以降の幸福感はそれほどでもないと答えた。また、もし終身在職権を拒絶されたら、最初の五年間は非常に惨めな気持ちがするだろうが、それ以降はほとんどダメージがないレベルまで立ち直るだろうと思っていた。しかし、現実に終身在職権に関する決定があってから最初の五年間の反応は——終身在職権が認められた場合も、拒絶された場合も——予想したよりもずっと穏やかなものだった。ギルバート達は、成功と失敗のインパクトについて、たとえばデートや政治家の選挙結果、大きなスポーツイベントなど、他の分野においても同様の予測バイアスを報告している。この研究の主要な点をまとめれば、人間というものは、幸せを増したり減じたりする生活の環境についての予測を系統的に間違うものであるということだ。これは人が幸せを求めて人生で行う選択もまた、間違いである可能性が高いことを示唆している。

## コメント

効用の最大化は、目標とするには有益な考え方だ。人間は概《おおむ》ね、できる限り自分が幸せになるような選択を、他の誰でもない自分自身の判断でしようと試みる。しかし、うまく効用を最大化するためには、起こり得るさまざまな結果が、果たして自分にとってどういう経験になるかを予測するところから始めなければならない。もしその予測に系統立ったバイアスがかかっているとすれば、それに基づく選択も、効用の最大化に系統立って失敗することになってしまう。ここでわれわれが見てきた研究では、未来に関する効用予測に確かにバイアスがかかっていることを示す、多くの例が取り上げられている。われわれが見た実験的研究に使われたスナック菓子だのCDだのという品物の多くは、確かにけっして高価とは言えないが、だからと言って、効用の最大化に失敗することで失われる価値など大したことはないと思ったら大間違いだ。スナック菓子のいちばんいい品揃《ぞろ》えを考えるのは、退職後のための投資ポートフォリオ（金融資産の組み合わせ）を組み立てるのに比べれば簡単なことだろう。まだ若い人が引退後の自分の趣味や必要な収入について予測するのは実に難しいはずだ。今現在利用できるリソース（資源）を最大限活用するにはどうすればいいかを選ぶのでさえ、一筋縄では行かない上に、間違いを犯す可能性の高いタスクだ。たとえば、ティボール・シトフスキーは、すでに古典となった名著『人間の喜びと経済的価値：経済学と心理学の接点を求めて』（日本経済新聞社刊。原著は「The Joyless Economy」一九七六年刊）で、消費者、特にアメリカの消費者は、シトフスキーが「快適」と呼ぶものを間違ってあまりにも買い過ぎ、「喜び」と呼ぶものをあまりにも買わなすぎると論じている。確かにアメリカ人やヨーロッパ人は、たとえば休暇の時間といった問題について、驚くほど異なるバランスをよしとするまでになってしまった。アメリカの労働者が、給料は少ないが休みが多い方が満足だと感じることは十分あり得る。

本稿を終えるに当たって、ここで大事な但《ただ》し書きをしておかなければならない。それは、人が時に効用の最大化に失敗するからと言って、誰か別の人（配偶者、両親、雇用主、政府）がその人から選択する権利を奪った方がいいというわけではけっしてない、ということだ。配偶者、両親、雇用主、役人だって間違いを犯すのだし、子どもに自ら少々の間違いをしでかさせてやるのは、親としては最高のことだ。しかし場合によっては、「管理者」側にいる人間が、サンスティーンとセイラーが二〇〇四年の論文で言った「自由主義的温情主義（リバタリアン・パターナリズム）（libertarian paternalism）を採用することによって、人の選択の自由を制限することなく選択を導き、影響を与えることも可能だ。リバタリアン・パターナリズムの手段の一つは、効用の最大化を邪魔するようなもっとも一般的なエラーを避けられるように、あらかじめ選択肢を設定しておく（デフォルト・オプション）ことだ。ものぐさのせいで、あるいはそれ以外の理由であっても、あらかじめ設定した選択肢を選ばなくても何の支障もない場合でも、やはりあらかじめ設定した選択肢が選ばれることは多い。たとえば、見識ある雇用主が徐々に休暇の日数を増やし（そして給与の上昇率は今までよりも少し少なくする）、その一方、従業員にはその増えた分の休暇に、お金をもらって働く権利を与える（つまり、すべての選択肢は元のまま残っている）というようなことだ。もし何もないところから始めたとすれば、従業員はこんなふうに新たに設定された選択肢を選ばないかもしれない。しかし、もしかしたら余分に休暇をもらうことを選び、休暇日の「より少ない」別の職に移りたくないと思うようになるかもしれない。もしそうであれば、（この場合、従業員は）効用を最大化する選択を行えるよう手助けしてもらったと言えるのではないだろうか。

# 第4章

# 主観的な満足の測定に関する進展

当然のことではあるが、昔から経済学者たちは、人が示す好み（顕示《けんじ》選好《せんこう》と言う）についての研究を好んで行ってきた。つまり、好きだ嫌いだと口に出して言った意思や、主観的な報告ではなくて、人が実際に選んだ物事や決定を観察するということだ。しかし人間はよく、自分自身の幸せに単純にはつながらない選択を行っている。一貫性のない選択をすることもしょっちゅうだし、経験から学ばず、取引を嫌がり、他人と比べて自分はどうだということに満足の基準を置き、その他ありとあらゆるところで合理的な経済主体の標準モデルから外れている。こうしたことについて研究した行動経済学や心理学の文献は山のようにある。もし人が効用を最大化する機会に限定合理的な行動を見せるとすれば、人の選択は必ずしも「本当の」選好（合理的な選好）を反映したものではないことになるし、また、人が何を欲しているのかを推測するのに、その人が何を選んだかということだけを頼りにするのも説得力を欠くことになる。

もし確実な方法で実行することができれば、主観的な満足（subjective well-being）について当事者本人に報告してもらうことによって、消費者の好みや社会的厚生《こうせい》（welfare）（社会全体の満足度）を評価するのに役立つかもしれない。実際、経済学者たちはすでに主観的な満足についてのデータを大いに活用している。ＥｃｏｎＬｉｔ（アメリカ経済学会が作っている経済学分野のリファレンス・データベース）の集計によれば、二〇〇一年から二〇〇五年には、生活上の満足度（life satisfaction）や幸せ（happiness）について自己申告したデータを分析した論文が一〇〇本以上も書かれた。一九九一年から一九九五年の間にはたったの四本だったのにだ。経済学者は、マクロ、ミクロのどちらの問題を分析する際にも、主観的な満足についてのデータを使っている。古典的な論文では、イースタリン[11]が経済成長と幸せの関係を検討しているし、より最近ではディ・テラら[10]が、ユーロバロメーター（一九七三年から欧州委員会のために定期的に実施されている世論調査）の生活満足度のデータを使って、人々が失業とインフレの妥協点をどんなふうに見出しているかを推察している。またアレッシーナら[1]は、同じデータを使って、労働市場の規制が人の暮らしをより良くする役に立っているかどうかを調査した。グルーバーとムライネーサン[18]は、アメリカとカナダの総合社会動向調査のデータを使って、タバコ税が自己申告された幸せに与える影響を調査し、喫煙の合理性についての推論を導き出した。自分が今どの程度穏やかで落ち着いた状態か、というような主観的な満足に関する質問は、「〝機会への移住〟実験プログラム」＊1や、「ランド医療保険実験」＊2の結果判定法にも取り入れられている。[25]

主観的な満足は、経済指標を外側からチェックするのにも使われている。たとえば、ノードハウス[33]やクルーガーとシスキンド[26]は、消費者物価指数（消費者が購入する段階の物価の変動を表す指標）で割った所得の伸びと、懐《ふところ》具合が良くなったと報告した人の割合の変化を比較して、価格デフレーター（価格変化を表す指標）に

＊1　〝機会への移住〟実験プログラム　一九九〇年代に米国政府によって行われた政策プログラム。衰退地域に住む低所得者をより条件の良い住宅地に移住させることによって、職業面や教育面での好影響が生じるかどうかを調査することを目的としたもの。
＊2　ランド医療保険実験　一九七〇年代に米国政府がランド研究所（シンクタンク）と協力して行った医療保険に関する実験。

関するバイアスを評価している。研究者たちは、主観的な満足についての調査にどんな潜在的価値があるかを調べようと、たとえばギャラップのような、クライアント企業のために従業員や顧客の意欲や満足度を始終《しじゅう》調査している営利企業の範《はん》に倣《なら》っている。

これによって経済学者たちは一体何をしようとしているのだろう? 主観的調査によって、たとえおおよそにであっても満足(well-being)の度合いなど測《はか》れるのだろうか?

本稿では、主観的な満足に関する質問に対する解答が、状況を含めたその他の要素によって、いかにさまざまに変わるかについての研究を論じていくことにしよう。また、人間の行う選択すべての動機になり、それに関係する感情や経験のすべてを心に残すたった一つの統一された効用概念を測定しようとするよりも、いくつかの異なる効用概念を一つ一つ区別して考える方が実り多いということも主張したい。満足の度合いを測《はか》るのにさまざまな測定法を使うことも、目的によっては役に立つこともあるが、主観的な満足とは、経験についての一人一人の感じ方の特徴を測定するものであって、経済学者が考えがちなように効用を測定するものではないということをきちんと認識しておくことが重要だ。こうした感じ方は、実際に何かを経験している時点にできるだけ近く、しかも経験した本人が直接語る報告であれば、現実の感情の尺度としてより正確なものになる。本稿の最後では、一種の経済不快指数であるU指数を提案したいと思う。これは、人が不快な状態で過ごす時間の割合を測定するものだが、これのいいところは、個人的な感情という基本概念を必要としないところだ。

## 主観的経験の測定原理と、実験室での測定

ジェレミー・ベンサム（一七四八〜一八三二）からフランシス・イシドロ・エッジワース（一八四五〜一九二六）を経てアルフレッド・マーシャル（一八四二〜一九二四）に至るまで、もっとも初期に人気のあった効用の概念は、喜び、もしくは苦痛が継続して続く「快楽の流れ」という概念だった。カーネマンはこの概念を「経験効用（experienced utility）」と呼んでいるが、これはジャスターら[21]が「プロセス・ベネフィット」原注1と呼んだのと同じようなものだ。エッジワースは、ある期間の個人の幸せとは、その期間中の一時的効用の総和である、つまり瞬間的な効用の時間的総和であると定義した。

喜び、もしくは苦痛の一瞬一瞬の流れを実験室で測定するために、いくつかの方法が試されてきた。実験を行うことの利点は、実験に関係のない面をコントロールできる上に、ある刺激が個人の経験におよぼす固有の影響を評価することができるという点だ。たとえば、心理学や消費者調査などの多くの実験に参加する人々は、大音響に晒《さら》されるとか、映像のワンシーンを見るというような経験をさせられる。そして、測定器の上で目印をコントロールするレバーを操作することによって、今自分のしている経験の快不快の質を、常時リアルタイムで報告する

ことを求められる。測定器には通常、「非常に気持ちがいい」「非常に不快である」というような最大最小の極値と、中立的な値が示されるようになっている。同様に、政治討論中に世論のありようが「ダイヤル・グループ（dial group）」によって示されることがある。これは、参観者《オブザーバー》がダイヤルを調整することによって、候補者の意見に対する快不快を示すものだ。こうした調査によって、時々刻々に変わる主観的な経験についての時間的変化の様子が得られる。こうした実験の結果によって、満足についてもっと標準的な尺度を見つけるためのアイデアが得られたり、経験効用と記憶効用（remembered utility）、つまり、ある経験について人がリアルタイムでどんなふうに感じているかと、その経験が終わった時にそれについてどんなふうに覚えているかを区別することが有効だとわかる。

さまざまな肉体的刺激を受けるタイプの実験への参加者の反応は、程度においても形においてもたいていは似通っているし、また刺激に対して計量可能な反応を示す。たとえば、カーネマンとフレドリクソンらの共同実験[22]では、参加者たちは〇《ゼロ》から一四までのレベルで痛みの程度を示すよう求められる。摂氏一四度の水に手を浸《つ》けた時（最初の一〇秒間）はレベルの平均は四・〇だったのが、六〇秒後には八・四に跳ね上がった。その後三〇秒間に徐々に水温を摂氏一五度まで上げて行ったところ、レベル平均は六・五〇にまで下がった。

実験の終わりに、このような経験を全体としてどう評価するかを参加者たちに質問することもできる。過去に遡《さかのぼ》ってのこうした報告は、回答者の記憶効用を示すものと考えることができる。記憶効用を評価するためには、経験の流れを思い起こし、何らかの方法でそれをまとめなければならない。理想を言えば、ある時間内全体の記憶効用を報告するには、エッジワースが思い描いたように、その時間内の一瞬一瞬の効用の合計を出すのが理想的だと思われるかもしれない。しかし、これがそうは行かない。多くの研究が、個人の経験の遡及《そきゅう》評価を、リアルタイム評価の記録と関連づけて考えてきた。たしかに遡及評価はリアルタイム評価と関係はあるものの――つまり、たいていの人は過去のエピソードを、愉快か不愉快かに正しく分類するけれども――遡及評価には系統的バイアスがかかりやすいのである。

カーネマンとフレドリクソンらの共同研究[22]は、過去のエピソードの遡及評価は、瞬間効用(moment utilities)の加重平均だが加重は等しくないという面があることを示唆している。この発見で決定的に重大なのは、苦痛や不愉快といったエピソードの持続期間は、遡及評価ではまるっきり無視され、経験の最後《エンド》およびピーク(もしくは底)に大きなウェイトが置かれるということだ。個人の行う選択は、自分の経験の一覧表(the profile of their experience)ではなく、記憶効用に影響を受けることがさらなる証拠から浮かび上がっている(カーネマンとセイラーがこの号(この論文が掲載されているのと同じ号)で論じている)。

こうした一連の研究によって、経験によって起きる苦痛や喜びの強さは、リアルタイムでは信用に足る精度で測定することができるが、一方遡及評価では、実際に経験したことの総計を測定するのには必ずしも役立つとは言えないということが分かってきた。満足についてのこれまでの研究は、生活上の満足や幸せの報告にほぼ全面的に頼っており、つまりそれは遡及評価を概括《がいかつ》したものだったのだから、この観察は重要である。以下では、過去に遡《さかのぼ》って主観的な満足を評価する研究について検討した後で、経験効用をより直接的に利用することを目指す代替《だいたい》的測定について紹介しよう。

## 生活上の満足と幸せについての調査

主観的な満足についての調査を使った研究でもっとも頻繁に出される質問は、全体的な生活上の満足や幸せについて報告せよというものだ。たとえば、世界価値観調査（World Values Survey）では、八一カ国の回答者にこんな質問をする。「あらゆることを含めて考えてみた時、最近あなたは全体的にどのくらい満足していますか？」　またGSS（General Social Survey 米国シカゴ大学の研究機関による全米をカバーする総合的社会調査）も同様に、アメリカ人に対してこう訊いている。「あらゆることを含めて考えてみた時、あなたの最近の生活はどうですか？　とても幸せですか？　まあまあ幸せですか？　それともあまり幸せとは言えませんか？」　こうした質問に対して、回答者が答えにくいと感じることはほとんどない。たとえば一九九八年のGSSでは、この質問に対して回答を拒否したり「わからない」と書いた人は一%にも満たなかった。これに対して、収入についての質問には一七%の人が回答を拒否した。

では、全体的な生活上の満足や幸せに関する質問の答えを、社会科学者はどう解釈したらいいのだろう? 生活上の満足というものは、結局のところ、直接検証できる経験でもなければ、住所や年齢のように個人にとって自明の事実でもない。それは過去を全体的に振り返っての判断であり、たいていの場合は訊かれてはじめて考えるものだし、またいくぶんかは回答者の今の気分や記憶、そして直前の状況にも左右されるものだ。シュワルツの研究[41]は、状況の力を的確に証明している。彼は被験者を研究室に招き、生活上の満足についてのアンケートに回答してくれるよう頼んだ。しかし、回答する前に、回答者たちにコピーを一枚取ってくるようにと言った。そして、回答者の中の無作為に選んだ半分の人たちの使うコピー機の上に一〇セント硬貨を置いておいた。すると、コピー機の上でコインを見つけた人たちの生活上の満足度は大幅に上がっていた。これが所得効果ではないことは明らかだ。また別の研究では、生活上の満足度の報告は、その日の天候に左右される(天気の良い日の方が高い)ということが示された。しかし被験者がまず最初に天気のことについてあからさまに訊かれた場合は、天気は生活上の満足度の報告に影響を及ぼすことはない[42]。また、生活上の満足度や幸せについての回答は、調査の中でそれより先に訊かれた質問に大きく影響されることが多い。

生活上の満足度の報告は、研究者によって状況や雰囲気が操作されることによる影響以外にも、被験者側の状態・状況が短期間で変化することによっても変動する。たとえば、テキサスの女性二一八人に二〇〇四年三月にインタビューしたデータでは、同じ人たちに二週間後にもう一度インタビューをしてみると、生活上の満足度の相関はたった〇・五九だった。[原注2] 生活上の満足度に関する質問を一つではなく複数にして平均値を見てみると、これよりも高い相関が得られた。たとえば、五つの質問を使ったルーカスら[28]の実験では、四週間の間を空けた場合、試験・再試験信頼度の相関は〇・七七だった。これとは対照的に、教育や収入レベルに関する自己報告の再試験の実験では、相関度は通常〇・九〇ほどになる。生活上の満足度に関する反復測定での相関度が大幅に低いということは、つまりこのデータが多くの目的に対しては十分信頼に足るかもしれないものの、人の答えは現在の気分や状況によって日々変動してしまうということを示唆している。

状況や気分、継続時間の無視ということを考えれば、一般的な生活上の満足や幸せに関する質問の信頼性には一定の限界があることが分かる。しかしだからと言って必ずしもこの方法を全面的に却下すべきだというわけではない。最近起きた関係ない出来事に結果が特異な影響を受けるとしても、代表的集団サンプルの中では平均的なところに収斂《しゅうれん》されてしまうだろう。それに、遡及評価はその後の選択のいくつかに関係することが研究によって分かっているから、満足の度合いを測定することは、将来の決定には関係があるかもしれない。リアルタイムの経験測定には十分とは言えなくても、たとえば、仕事に対する満足度は、その後の離職者数を予測する判断材料としては強力だ。[16]

## 生活上の満足に関するデータが有効な証拠

主観的な満足の測定が有効かどうかは、個人個人の主観的な満足以外の特徴との相関のパターンや、その人が自分の将来を予測する能力によって、ある程度は判断することができる。全体的な生活上の満足についての質問は、関連のあるさまざまな評価基準との相関が高いことが分かっている。

まず、生活上の満足度と、さまざまな生理学的、あるいは医学的基準の間に相関があることは実証されている。ある研究では、被験者はまず風邪のウィルスに晒《さら》され、その後どんな症状を見せるか詳しくモニターされた。[5]実験開始時に生活上の満足度がより高いと報告した人々は、風邪にかかりにくく、たとえかかったとしてもより治りが早かった。もう一つの研究では、被

| |
|---|
| 微笑む頻度 |
| 目で笑う(「ごまかしのきかない微笑み」) |
| その人がどの位幸せかを友だちに訊いた場合の評価 |
| 肯定的感情を口に出す頻度 |
| 社交性と外向性 |
| 眠りの質 |
| 近親者の幸せ |
| 自己申告による健康状態 |
| 高い所得と、準拠集団の中での高所得ランク |
| 宗教への積極的関与 |
| 最近の、自分を取り巻く環境の好転(所得の増加、結婚) |

出典：ディーナーとスー[8]、レイヤード[27]、フライとシュトゥッツァー[17]

表1　生活満足度の高さと幸せの相関

験者たちは管理下でちょっとした傷を負わされ、[24]その上で生活上の満足についての基本データが集められた。被験者たちの傷が癒《い》えるスピードをモニターしてみると、より高い満足を示した被験者の傷は、より早く治癒した。

　神経科学の研究成果もまた、生活上の満足度と個人の心の状態は関係があるという見方を支持している。前提として、脳の左側の前頭前野《ぜんとうぜんや》は、何かに対する接近や快楽を処理し、右側の前頭前野は、何かを回避することや嫌悪刺激の処理に関わっているということは、臨床的にも実験的にもすでに強力な裏付けがあることにご注目いただきたい。具体的には、左の前頭前野は、楽しい映像を見たり幸せなことを考えるように言われた時により活性化し、一方、右の前頭前野は、不愉快な映像を見せられたり悲しいことを考えるように言われた時により活性化する。心理的な満足を測定したいくつかの値を使った最近の研究では、生活上の満足と、左右の脳の活性化の違いを調べたいくつかの検査報告の間には、〇・三〇という統計的に有意な相関があるということが報告されている。[46]

表1は、全体的な生活上の満足と幸せに関する報告に関連した変数のリストだ。一次資料はディーナーとスー、[8]レイヤード、[27]フライとシュトゥッツァーの研究[17]で見られる。微笑みなどといった、機嫌の良いことが目に見えて分かるサインのいくつかは、自己申告した幸せと明らかに関連している。最近身の回りの状況が良い方に変化したこととか、教育程度や収入を含めた人口統計学的変数も、やはり幸せや満足と明らかな関連がある。たとえば、オレオプーロス[34]は、学校教育を受ける年月は、満足と明らかに関連していること、またこの結果は、学校教育に関する操作変数[*3]として義務教育法の特長を使った後、逆の因果関係が出てくる可能性（つまり、生活の上でより満足度が高い人は、学校教育をもっと受けようという気持ちになる）に取り組む際に正しいことも証明した。生活上の満足度や幸福感が低いことに関係する変数には、最近身の回りの環境が悪い方に変わったとか、慢性痛、あるいは失業、特にクビになった場合などがある。性別は生活上の満足や幸せとは関係ない。年齢の影響は複雑だ——家に一〇代の子ど

＊3　操作変数　結果となるであろう変数と無関係で、原因となるであろう変数と密接に関係する要因。実験が困難な場合に仮説的に設定・使用される。

もがいる人は、おそらく生活上の満足が一番低く、それ以降の年代では満足度は改善する。

多様な人々を標本にした場合、収入と生活上の満足度はさほど大きな関連はないが、所得そのもののレベルよりも、所得分布上での、あるいは仲間集団内でのランクの方が重要であることがいくつかの研究で分かった。[3][15][30] レイヨとベッカー[36]は、仲間内での比較や環境への適応は、「幸せに影響を及ぼす要素」の中で欠くことのできないものであり、それは進化の結果として人間が身につけたものであるという理論を提唱している。

いずれにしても、ほとんどの場合、生活環境よりも、気質や性格を評価することによって、報告される生活上の満足度の変化が把握できることが多い。たとえば、精神的な鬱《うつ》状態の程度（どうしても何もやる気が起きないという自覚症状のような）は、生活上の満足度に大きく関係している。自分の満足についての主観的評価は、かなりの程度、その人の性格の特徴そのものであるらしい。たとえば、生まれてすぐに引き離された一卵性双生児は、背の高さのように遺伝的根拠がすでに確立した他の特徴と同じように、幸せについての特徴でも一致を見せる。[31] 生理的尺度と生活上の満足度の相関は、大きさにおいては中程度である。生活上の満足度と、たとえば積極的に宗教に関わるというような変数とは正の相関を示すが、値はより小さい傾向がある。

この相関のパターンを見て、ディーナー[7]は、生活上の満足度は、感情（つまり、肯定的感情や否定的な感情）のバランスに関する不完全な評価と、その人の願望や目標に生活の評価がどの程度見合っているかの両方が結びついて判断されると結論づけた。感情と、生活を評価することの構成要素はまったく別個のものである可能性があるから、生活上の満足度との相関それぞれについて、複合評価を構成する要素の中で、あるもののほうが他のものよりも相関が高いかどうかをはっきりさせなければならない。満足の原因である可能性があるものと、その結果である可能性があるものについても、同じような疑問が投げかけられるかもしれない。もちろん、そうした疑問に答えるには、時間と共に変化する人の感情を調べるための別の評価基準を考えなければならない。

## 時間の使い方の評価

経験効用を測定するに当たって、一番直接的なアプローチは、判断や記憶の影響を可能な限り排除することだろう。もちろん、実験室の外では、被験者の喜びや苦痛を知るために始終《しじゅう》レバーを引いたりダイヤルを回したりさせるのは現実的ではない。経験抽出法（Experience Sampling Method）は、ふだんの生活の中で、一日の間のある時点における感情をリアルタイムで報告してもらい、その情報を集積するために開発された方法だ。[6][45] 経験抽出実験の参加者たちには携帯用パソコンを持ち歩いてもらい、一日の間（あるいは数日間）に何回か指示が出るようにし、その指示が出た瞬間、ただちに一連の質問に答えてもらう。いくつかのメニューが示され、参加者たちは指示が出た瞬間に、実際にどこにいるか、指示が出る直前に何をしていたか、誰と一緒にいたか、誰とやりとりしていたかを答える。また、現在の主観的体験を、たとえば怒っている、満足している、疲れている、イライラしているなどという様々な感情をどの程度感じているか、あるいは感じていないかを示すことによって報告する。複数の肯定的感情の間の相関は非常に高いが、一方で複数の否定的感情（怒っているとか、落ち込んでいる等）の間の相関は、正の相関ではあるが、その相関度はより低い。

　こうして得られた回答が、さまざまな活動の差異を見分けるためにも、総合的な気分の個人差の指標としても、また健康状態の指標としても役に立つことが、多くの証拠から分かっている。最近行われたある研究では、二二八人の人が、ある就業日一日の間、二〇分毎に幸せの度合いの評価を行ってそれを報告し、また二時間毎に、肥満や高血圧、自己免疫状態のリスクに関係する副腎ホルモンであるコルチゾールの値が調べられた。[44] すると、被験者の幸福度の平均値は、コルチゾールのレベルと著《いちじる》しい逆相関を示した。この相関は、性別、年齢、職務レベル、体重、精神的に苦痛を感じているかどうかの全体評価などをコントロールしても強く残った。この論文の著者たちはこう結論づけている。「平均して、幸せについての五分位数《ごぶんいすう》（統計における指標値の一つ。全体を五つに分けることからくる名称）がもっとも低い人ともっとも高い人とのコルチゾールの値の差は、三二・一パーセントだった。これはたいへん大きな差で、何ヶ月、何年という間には、健康上のリスクを引き起こしかねない」。

とはいえ、経験抽出法を利用出来る範囲には限界がある。大きな人口サンプルに対してはなかなか実行しにくいからだ。その代わりとして、短い回想期間を利用したものに「一日再現法（Day Reconstruction Method　ＤＲＭ）」がある。カーネマンとクルーガーらの共同研究[23]において利用したのがこれである。（ＤＲＭのデータはhttp://www.krueger.princeton.edu./Subjective.htmでご覧頂ける）。一日再現法は、経験抽出法と時間を記録した日誌の要素を組み合わせたもので、特に感情を正確に再現するように作られている。回答者はまず、前日に起きたエピソードをまとめて日誌に記入するよう求められる。次に、エピソードそれぞれについて、次のようなことを説明する。まず、そのエピソードがいつ始まっていつ終わったのか。その時何をしていたか（提示されたリストの活動から選択する）。その時どこにいたか、誰と関わっていたか。選択した感情的側面において、それぞれのエピソードの間に感じたことを確認するために、回答者は感情の強さを、〇《ゼロ》（「まったくない」）から六（「非常に強い」）までの間の九つのカテゴリーで報告するよう求められる。感情のカテゴリーは記述子《きじゅつし》（情報の類別に用いる語句）によって指定されている。ほとんどは、満足な、不安な、腹立たしいといった形容詞だ。アンカー

（The anchor）の「まったくない」というのが、これらの回答子の中でおそらく回答者すべてに共通して同じ意味を持つ、自然なゼロポイントだ。

筆者らは、一日再現法の初期のバージョンを、テキサス州の九〇九人の働く女性たちのサンプルで実施してみた。[23] この一日再現法は記憶に頼ったものではあるが、これによって経験抽出法と同じ結果が出せるかどうかが、この研究の目標の一つだった。課題の一つが図1に示したものだが、これは一日再現法で調査した場合の一時間毎の「疲れた」と感じる値の変化と、経験抽出法で別途同じ調査を行った値を比べたものだ。二つの調査結果は驚くほどそっくりで、どちらも「疲れの度合い」は正午頃にいちばん小さくなっている。

このテキサスでの調査結果では、これ以外の特徴も、経験抽出法で見られた結果と基本的には一致していた。特に、否定的な感情が現れることは比較的稀《まれ》だった（たとえば、「腹立たしい／敵意を感じる」が正の値だったのは期間中の二三％だけであったのに対し、「幸せ」に対応する値は九五％だった）。複数の感情間の相関は、特に肯定的感情で非常に高く、どのエピソードを取ってみても、肯定的感情では〇・七、否定的感情では〇・四だった。こうして得られた証拠から、一日再現法によって、より要求の厳しい経験抽出法から得られる結果にごく近い結果を出せるということが見てとれる。

一日再現法によって得られたデータをさらに分析してみると、疲れに関する報告は、これに

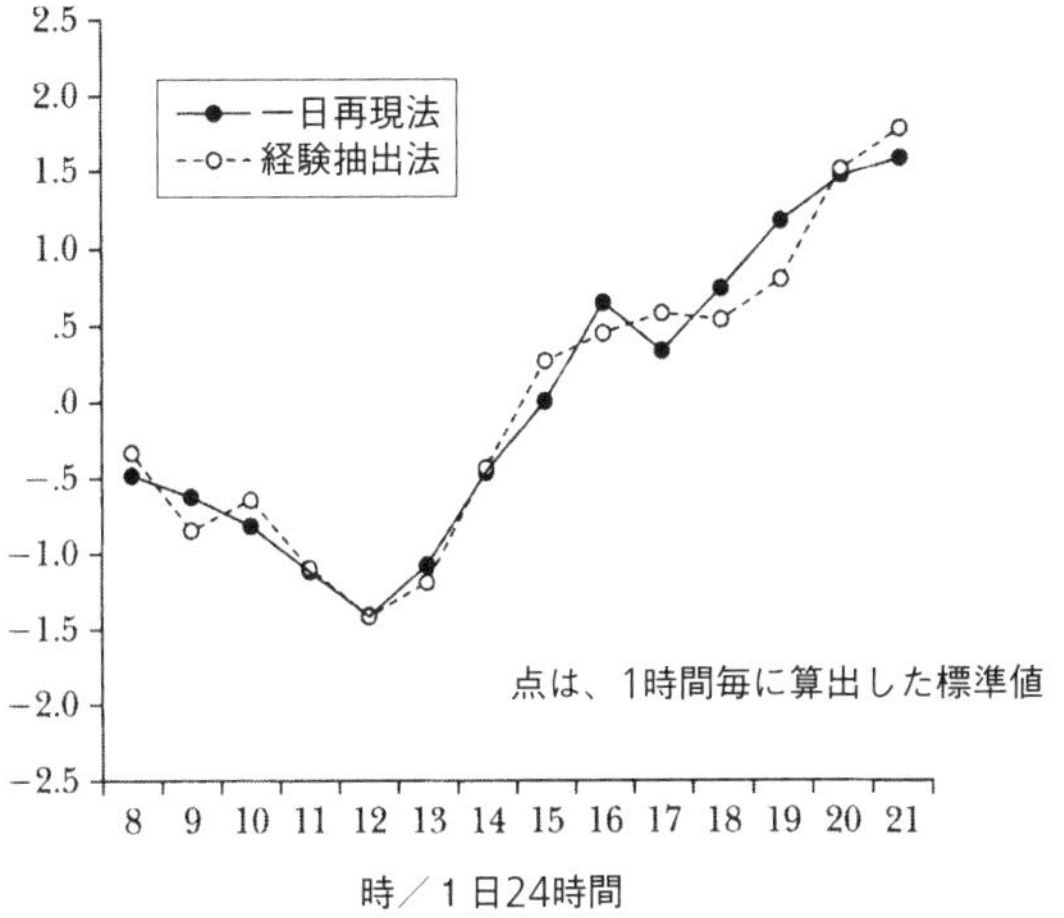


図1　経験抽出法と一日再現法に基づく1日の疲労度

関係のある変数と密接に関わっていることが分かった。たとえば、図2は、われわれの一日再現法に基づく調査に先立つ一ヶ月の間、毎晩七時間以下しか寝ていないと答えた人と、少なくとも七時間以上は寝たと答えた人の、疲れについての報告の平均値を示したものだ。グループのそれぞれはV字型のパターンを示し、当たり前ではあるが、睡眠時間の少ないグループの方が、一日を通じてより疲れを感じている。この発見で分かるのは、回答者も同じように睡眠時間の長短という尺度を疲れの度合いの原因として、他人との相互比較に使っていたということだ。そのことが、申告された感情の報告に見受けられる。

表2は、テキサスでの実験サンプルについて、さまざまな活動にどのくらい時間を費や

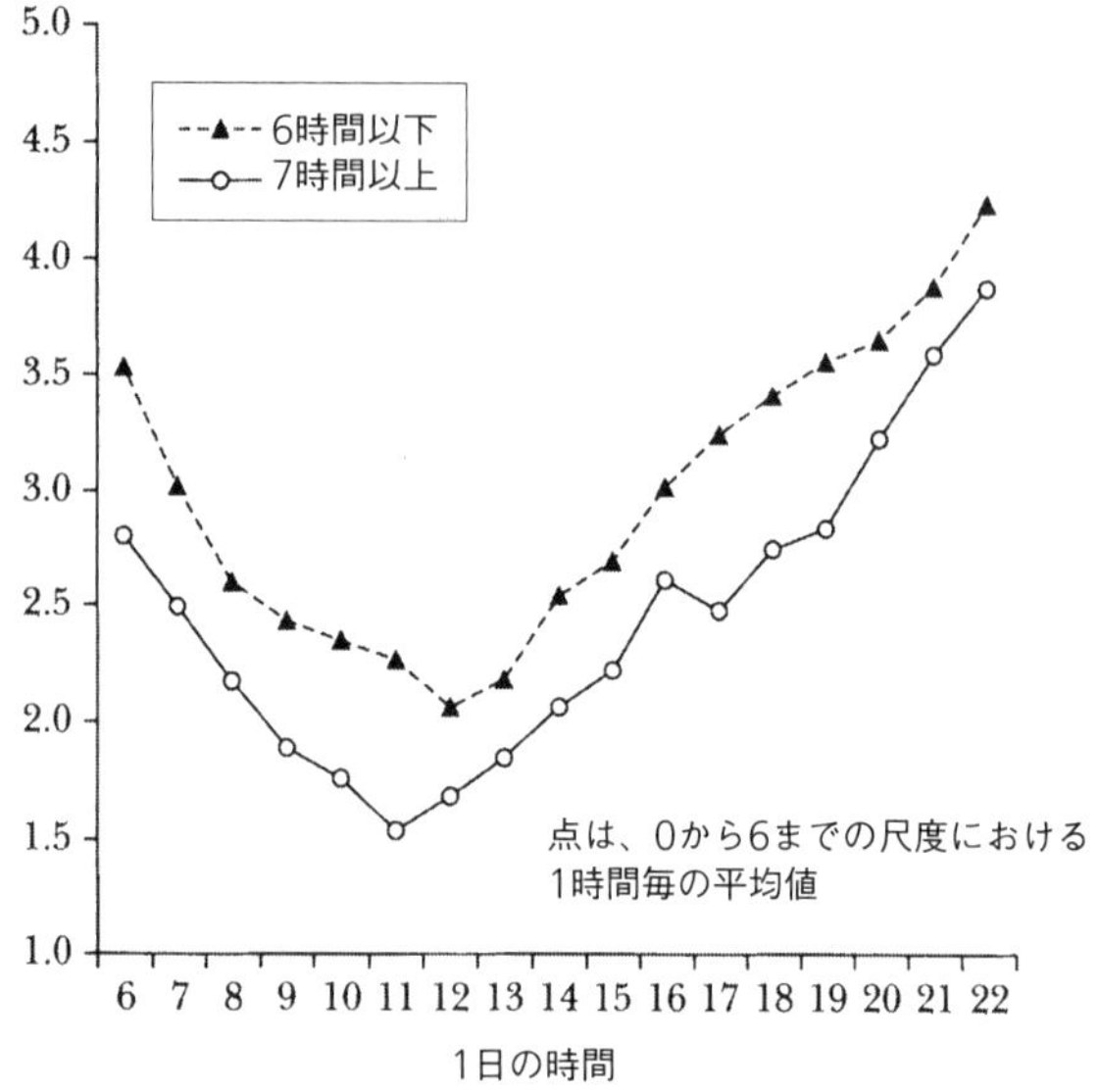


図2　一日再現法による、1晩当たりの平均睡眠時間による疲労感の比較

したかの評価を分析したものだ。一番左の列は、被験者がそれぞれの活動に費やした時間の割合、二列目はその活動に費やした時間の絶対量を表している。三列目は感情の正味量（Net affect）だ。これは、感情をすべてそれぞれ○《ゼロ》から六までの尺度で表し（つまり○の場合には「まったくない」、六だと「非常に強い」ということになる）、三つの肯定的カテゴリー（満足、暖かい、楽しい）の平均から、六つの否定的カテゴリー（不満な、落ち込んだ、イライラする、腹立たしい、心配な、非難された）の平均を引いた値である。

| 活動 | サンプルのパーセンテージ | 費やされた時間(単位=時) | 感情の正味量 | U指数 |
|---|---|---|---|---|
| 親密な関係 | 12 | 0.23 | 4.83 | 0.040 |
| 仕事の後の人付き合い(交流) | 49 | 1.14 | 4.15 | 0.073 |
| リラックスする | 77 | 2.17 | 3.96 | 0.078 |
| 夕食 | 69 | 0.81 | 3.94 | 0.074 |
| 昼食 | 67 | 0.57 | 3.91 | 0.078 |
| 運動 | 16 | 0.22 | 3.85 | 0.088 |
| お祈り | 23 | 0.45 | 3.78 | 0.105 |
| 仕事中の人付き合い | 41 | 1.12 | 3.78 | 0.100 |
| テレビを観る | 75 | 2.19 | 3.65 | 0.095 |
| 自宅で電話 | 43 | 0.93 | 3.52 | 0.126 |
| 居眠り | 43 | 0.89 | 3.35 | 0.131 |
| 料理 | 63 | 1.15 | 3.27 | 0.138 |
| 買物 | 30 | 0.41 | 3.23 | 0.157 |
| コンピュータを使用(仕事以外) | 29 | 0.51 | 3.22 | 0.165 |
| 家事 | 49 | 1.12 | 2.99 | 0.161 |
| 子どもの世話 | 36 | 1.10 | 2.99 | 0.199 |
| 通勤(夜、仕事場から自宅へ) | 63 | 0.61 | 2.77 | 0.209 |
| 仕事 | 100 | 6.89 | 2.68 | 0.211 |
| 通勤(朝、自宅から仕事場へ) | 68 | 0.47 | 2.09 | 0.287 |

資料: カーネマン、クルーガー、シュケード、シュワルツ、ストーン[23]、および著者の計算による。
注記: サンプルのパーセンテージは、その活動をした個人についてのパーセンテージであり、費やされた時間は、その活動をしたことを条件にしていない。もしあるエピソードの中に複数の活動が含まれているなら、複数回記入されるので、1日の合計は必ずしも24時間にはなっていない。感情の正味量は肯定的形容詞3つ(幸せな、暖かな/心温まる、楽しんでいる)の平均から、否定的形容詞6つ(不満な/イライラする、沈んだ/憂鬱な、わずらわしい/振り回される、腹の立つ/敵意のある、心配な/気がかりな、非難される/けなされる)の平均を引いたもの。すべての形容詞は0の「まったくない」から6の「非常に強い」までの値で報告される。U指数は、それぞれの人が活動をしている中で、否定的感情が支配的だった時間の割合を出し、平均を取ったもの。テキサスで働いている909人の女性のある1日をサンプルとして使用した。

表2　活動による感情の正味量の平均値

感情の正味量は、心理学の論文では気分を表すためによく使われる尺度だ。ここでは、個々の人の特定の活動を含むエピソードについて、持続時間で加重した感情の正味量の平均値を出した。最後の列で示したのはU指数であり、それは、それぞれの活動に対して、活動時間のうち否定的感情がもっとも高かった時間の割合（被験者全員の合計）である。U指数と感情の正味量では、活動の順位付けは、似てはいるがそっくり同じにはならない。以下、しばらくは従来使われてきた感情の正味量に話を限定し、U指数については後ほどまた触れることにしよう。

表2の結果を見ると、全体的に見て、感情の正味量はレジャー活動（仕事の後でのつき合いなど）をしている時にもっとも高く、市場での仕事や投資、あるいは個人生活を維持するための活動（たとえば家の掃除など）をしている時にいちばん低いことが分かる。[原注3] 朝の通勤は、特に不快のようだ。ヘリウェルとパットナム[19]が強調するように、出来事の途中で社会的接触があることと、肯定的感情が高いこととの間には密接な結びつきがある。面白いことに、われわれのデータでは、通勤という出来事の間の感情の正味量の平均値は、通勤時に誰かが一緒にいる場合には全体の平均レベルにまで上がるのだ。つまり、これも社会的接触の影響を示していると言える。

表2にある活動のランキングは、様々なタイプの活動の喜びについて一般的な質問をする満足度調査の結果とは、いくつか重要な点で異なっている。[20][39] 特に子どもの世話と仕事に関しては、

他の調査に比べてわれわれの調査ではずいぶんランキングが低くなっている。この違いは、記録・簡易思い出し調査法（diary and general recall survey）における質問の性質の違いによって説明がつく。[原注4] 活動について抽象的な評価質問を受けた回答者たちは、仕事も育児も、生活の中の好ましい面として思い起こす傾向があった。こうした活動をどのくらい楽しんでいるかの報告は、一般的な評価にアンカリングされる傾向があり、その結果好意的な方向にバイアスがかかっている。回答者たちはまた、インタビュアーに対して、生活のこういう分野の活動は楽しいものだと言わなければならない、という社会的プレッシャーも感じていたのかもしれない。回答者が、生活の断面についての一般的評価には関係なく、特定のエピソードについてだけ記載する「一日再現法」では、こうしたバイアスは減る。

一日のうちのさまざまな時間における感情的経験についてのデータが得られることによって、多くの研究の機会が開かれた。これによってさまざまな活動を行っている時の、あるいは違った状況におかれた時の感情的経験を要約することができる。しかし、人はそれぞれの選好や素質によって違った活動に取り組むだろうし、さまざまな活動に使われる時間の限界効用は逓減《ていげん》する（活動時間が増えるに従って同じ時間から得られる満足感は減っていく）だろうから、この分野の研究をする場合には、一般化に注意しなければならない。また、このデータを使って、いろいろな形容詞が、より人間の側に関係があるのか、あるいはより状況の方に関係があるのか、その度合いを調べることもできる。具体的には、それぞれの感情について、被験者のある一日におけるレーティングの平均分散を算出し（つまり、それぞれの被験者のエピソードについてまとめる）、一日を通じての合計を出した後で、被験者全員の分散を算出した。憂鬱《ゆううつ》、非難される、不安といった感情は、より人間的な要素に関係があり、一方、わずらわしい、イライラするといった感情は、より状況の方に関連がある。

最後に、感情の正味量と、報告される生活上の満足との間には正の相関があるが、これらの違いを強調しておくのも意味がある。われわれが行った予備的な分析では、睡眠、憂鬱、信心深さといった要因を含めた個人的変数によって、生活上の満足が予測でき、感情の正味量も同程度に予測がつくことが示唆された。民族性、所得、教育、配偶者の有無等を含めた人口統計学的要因は、感情よりも生活上の満足を予測する力の方が強力だ。時間の使い方は、生活上の満足よりも感情の方をより強く予測する。こうした違いを見ると、感情の正味量は、標準的な生活上の満足度の測定とは違った、人の経験を知る窓になるということが分かる。

## 適応の謎

満足の研究をする上で主要な謎の一つが、生活のほとんどすべての状況において、「変化」

というものの影響が、報告される生活上の満足の中で比較的小さく、また影響を与える期間が短いということだ。これは文献でも良く取り上げられる極端な例だが、長期間下半身不随を患《わずら》っている人が、特に自分が不幸だとは思っていなかったり、あるいは宝くじに当たった人が特別に幸せだと思ってはいないというものがある。[2] より最近の、長期に渡るデータでは、オズウォルドとポウドサヴィー[35]が、中程度の身体障害になったばかりの時には、生活上の満足度の平均値は下がるけれども、二年後には障害を被る前のレベルにまで完全に回復していることを確認している。このプロセスは適応、もしくは習慣化として知られている。オズウォルドとポウドサヴィーはまた、重度の障害を受けた場合にも適応は起きるが、完璧とまでは行かないことも発見している。面白いことに、スミスら[43]は、新たに身体障害を被《こうむ》った時点では、資産分布で下から半分以下の層にいる人の方が、半分から上の層にいる人よりも、生活上の満足度の低下が著《いちじる》しいことを発見している。これは、富にショックを和らげるという重要な緩衝《かんしょう》効果があることを示すものだ。しかし、資産の少ない人の中にも、生活上の満足度が障害を被る前のレベルにまで回復した人はいた。

結婚や死別というような出来事は、生活上の満足度に対して、短期間には著しい影響があるが、その効果は主として一時的なものだ。[原注5] 図3は、この点についてクラークら[4]が説明したものだ。これは、ドイツ人女性二三五人をサンプルに、結婚した年を基準として、毎年の生活上の満足度の平均値を示した図だ。結婚の前年、および結婚した年には、生活上の満足度は上がっているが、短いハネムーンの時期を過ぎると、以前のレベルに戻っている。報告される満足度に対して、生活環境における変化が与える一時的な効果は「快楽の踏み車」と呼ばれてきた。つまり、生活における大きな変化が主観的な幸せに及ぼす効果は、一時的だということだ。

経済面での「快楽の踏み車」は、たとえ生活水準が大幅に上昇しても、満足や幸せにはほとんど気づかないほどの些細な影響しかないというものだ。たとえばイースタリン[12]は、一九五八年から一九八七年にかけて日本人の実質所得は五倍にまで上昇したのに、自己申告された幸せの平均値は上昇しなかったことを見出している。図4は、世論調査会社ギャラップが中国で一万五〇〇〇人に行った聞き取りをサンプルにした、これと同様の調査結果だ。一九九四年から二〇〇五年にかけて、中国では目覚ましい速さで経済成長が起き、この間に国民一人当たりの実質所得は二・五倍にも跳ね上がった。この成長は、物質的満足には大きな影響を与えた。家庭におけるカラーテレビの普及率は、四〇%から八二%にまで増加し、また、たった一〇%だった電話の普及率も六三%に跳ね上がった。しかし、図4を見ると、一九九四年から二〇〇五年の自己申告された満足度はまったく伸びていないことが分かる。実際には、逆に不満だと言う人のパーセンテージの方が増え、満足だと言う人の方が減っている。研究によれば、所得と生活上の満足度は、人口の断面図で見れば確かに正の相関を示してはいるが、その相関度はた

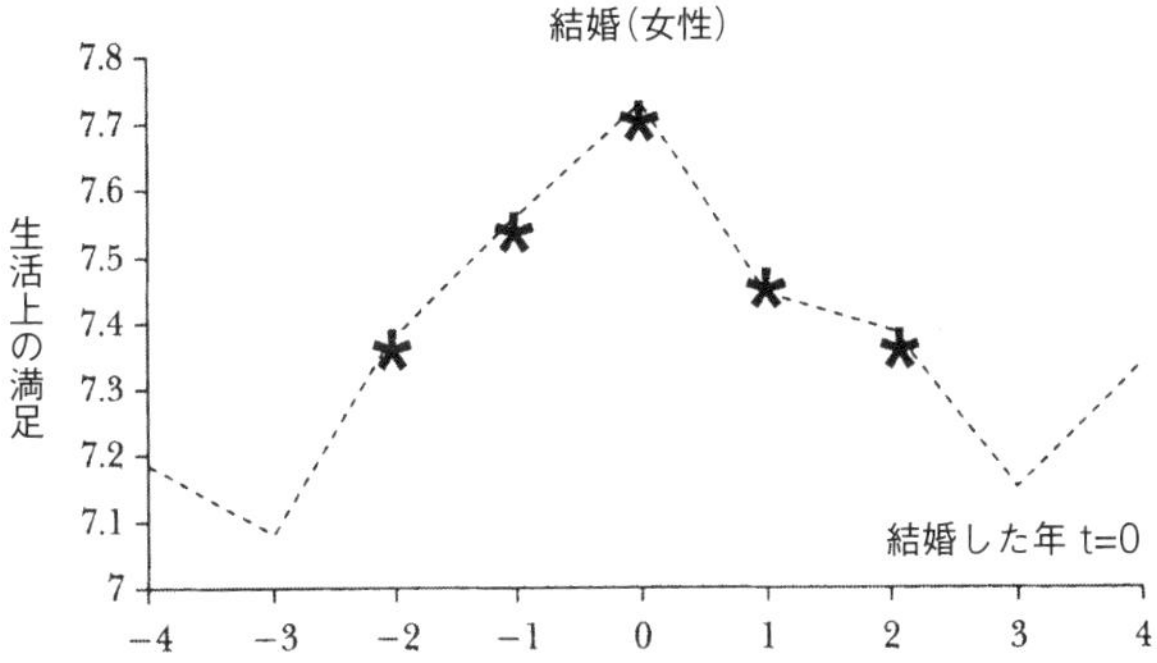


出典：クラーク、ディーナー、ジョージリス、ルーカス[4]。ドイツSocioeconomic Panel（ドイツの経済社会に関するパネルデータ）を使用。
注：星印は、生活上の満足度が基準値から大きくかけ離れていることを指す。

図3　ドイツ人女性サンプルの生活上の満足度の平均

った〇・二〇ほどにすぎない。[たとえば13] 一つの解釈として考えられるのは、所得の伸びと共に願望も膨らむということだ。実際、人が「十分である」と考える所得レベルは、主としてその人の現在の所得がいくらかによって決まるという調査結果もある。[47] フライとシュトゥッツァー[17]は、所得が上がったことの恩恵の三分の二は、適応によって相殺《そうさい》されてしまうと推定している。

環境の変化の中には、一時的とは言えないほど大きな影響を与えるものもある。たとえば、失業や慢性痛の影響は、時間が経っても完全に衰えることはないらしい。[29] にもかかわらず、適応について次々と出される研究成果は、満足は、長い目で見ればその人の置かれた環境やチャンスと密接な関わりなどないと示唆することによって、日常的な直感にも経済学説にも挑戦状を叩《たた》き付ける。あ

全体的に見て、今あなたの生活において起きていることを考えた時、どのくらい満足していますか？　あるいはどのくらい不満ですか？　とても満足ですか？　ある程度満足ですか？　とても不満ですか？

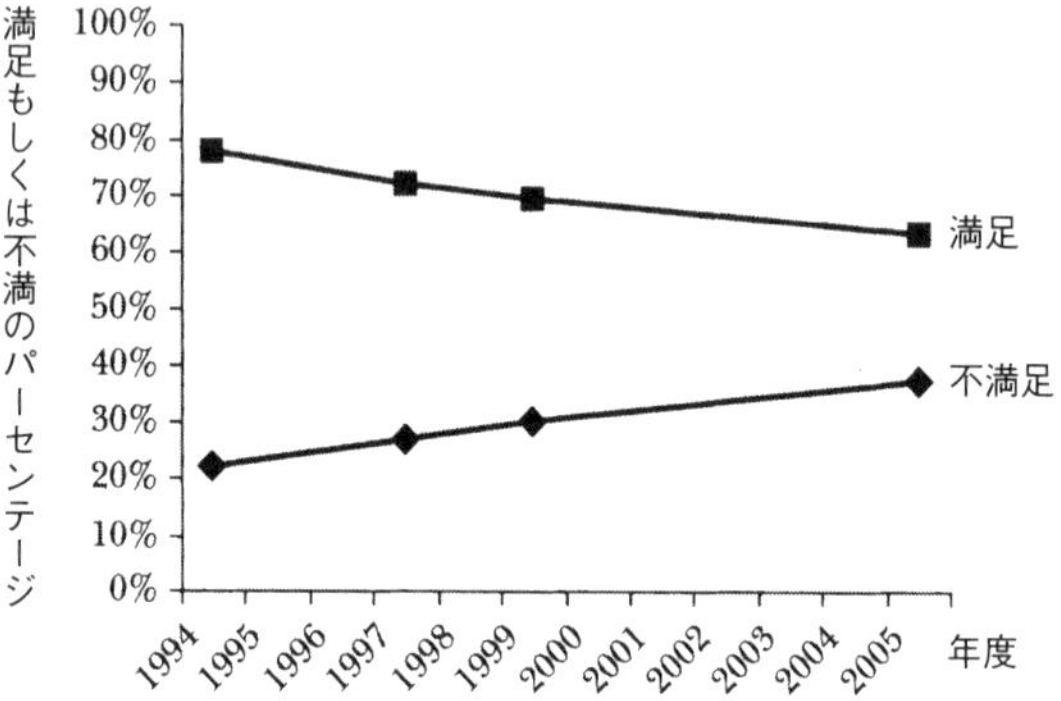


原典：リチャード・バークホルダー「中国は10年前よりはるかに豊かになった——しかし、幸せになったのだろうか？」ギャラップ社（http://sww.gallup.com/poll/content/login.aspx1ci=14548）

注：1997年、1999年、2005年に、回答者たちは「とても不満」「やや不満」「やや満足」「非常に満足」という4つの回答カテゴリーを与えられた。1994年には、「満足でも不満でもない」という5つ目の回答カテゴリーがあった。この図は、満足だった人と不満だった人のパーセンテージを示している。1994年には、回答者の38%が中立的なカテゴリーを選択した。これらの回答者については、その年、満足と答えた人と不満と答えた人の人数割合に応じて、どちらかに割り振った。

図4　平均実質所得が250%上昇した中国における生活上の満足度

りうる解答は、「快楽の踏み車」は、「願望の踏み車」と取り替え可能だとするものだ（この仮説は、「感情」と「判断」を満足の別々の要素として区別することにつながる）。もし人が日々経験する効用に、願望の方を徐々に適応させていくとすれば、生活環境が改善しても、結果的には以前よりも高い生活上の満足を報告するまでには至らない。たとえ実際には前よりも高い効用を経験しているとしてもだ。このシナリオでは、生活上の満足に関する全体的評価が一定のままであったとしても、経験効用は改善し得る。

この仮説を実証的にテストするには、経験効用と生活上の満足度に関する全体的評価を別々に測定しなければならない。この種の実証的テストはまだ始まったばかりではあるが、初期の研究結果では、「願望の踏み車」という考え方はほとんど裏付けられていない。

カーネマンとクルーガーらによるテキサスの女性たちの研究[23]ではまた、生活全般と仕事の両方についての満足に関するデータを取った。これを使って、経験した感情の相関と、満足度を判断する要素の相関を比べることができる。一日再現法での感情の正味量を測定してみると、全般的な生活上の満足度と正の相関を示した。しかし、相関の大きさはたいしたものではなかった。たとえば、まる一日の間の感情の正味量を持続時間で加重した値と、生活上の満足度との相関は〇・三八であり、仕事における感情の正味量を持続時間で加重した値と、仕事における満足度の相関は〇・四三だった。

ほとんどの人口統計学的変数と仕事の特性は、感情の正味量と満足度の値と同じような相関を示したが、大きく違っているところもある。そのいくつかは指摘しておいた方がいいだろう。表3に示す結果はまだ予備的なものではあるが、示唆に富んでいる。表3から推測できるのは、感情の正味量で代理される経験効用は、満足度よりも、たとえば仕事での時間的プレッシャーや同僚とおしゃべりができる機会というような目先の状況を特徴づける変数の方と、より結びつきが強いということだ。

しかしながら、このデータでは「願望の踏み車」仮説の裏付けとしては不十分だ。「願望の踏み車」仮説では、あるエピソードで一度測定される感情の正味量に対しては、生活上の満足よりも、生活環境の方が大きな影響を与えるとする。生活環境の変化によって生活上の満足度の基準が変わるからだ。ところが、データを見るとこれとはまったく逆で、所得の場合も配偶者の有無の場合にも、感情の尺度への適応の方が、生活上の満足度への適応を上回るのだ。[原注6]

この結論はまた、腎臓人工透析の最終段階にある患者たちと、それと対比するための比較グループに経験抽出法を適用したリース他[38]の研究での発見とも一致している。もし人工透析を受けた患者が、より低い効用を経験していて、それなのに、願望も低いために生活上の満足度は変わらないままならば、この丸一日の経験の認識としては、比較サンプルよりも楽しいひとときがたくさんあったとする報告は少ないと予想される。ところが、調べてみると、この日一日を通じ、人工透析を受けた患者たちと、比較グループの平均的な気分の間には、大きな違いは見られなかった。つまり、経験効用もしくは感情の正味量の尺度も、かなり大きな適応を示すということだ。

物質的な生活水準や生活環境に大きな変化があったのに、申告された満足度が変わらないということが、主観的な満足を測定することにいまだに懐疑的な経済学者がいる理由だ。しかし

| 個人の特徴 | 生活上の満足度 | 感情の正味量 |
|---|---|---|
| 離婚した(1＝離婚した；0＝結婚している) | −.12 | .06 |
| 世帯収入が低い | .20 | .06 |
| 教育 | .20 | .03 |
| 年齢 | .12 | .09 |
| 睡眠の質 | .29 | .30 |
| **仕事の特徴** | **仕事の満足度** | **仕事中の感情の正味量** |
| 地位の低い仕事 | −.23 | −.12 |
| 自分に見合った以下の仕事をしている | −.20 | −.11 |
| 仕事のために専門的な教育／訓練が必要 | .20 | .10 |
| 付加給付（基本給与以外の企業年金、有給休暇など）が高い | .17 | −.28 |
| 仕事で常に急かされている | −.19 | −.28 |
| 仕事で常にミスを避けるよう注意している | −.04 | −.13 |
| 仕事中に同僚とおしゃべりできる | .04 | .11 |
| 騒音にさらされる | −.04 | −.90 |

表3　生活上の満足もしくは感情の正味量と、個人の特徴の間の相関

ながら、限られてはいるが今までに分かった証拠によれば、究極の判断基準である経験抽出法で満足を測定した場合にも、適応は起きることが示唆されている。生活上の満足を測定することの有効性に関する他の証拠も付き合わせて考えてみると、主観的な満足は所得や消費の機会の問題ではないことを、適応についての幅広い証拠が示している。

主観的な満足についての研究結果の多くは、ある状況の特定の面に「注意」すること、あるいは認識を集中させることの果たす突出した役割と一致しているように見

える。「注意」は、実際の生活上の経験でも、あるいは生活全般における満足についての質問に答える際にも、ある役割を果たしている。この観点から考えると、たとえば下半身不随とか宝くじに当たるといったような環境への適応の主たるメカニズムは、こうした状況が徐々に新味を失って行き、人の注意を引く時間がわずかずつ減っていくためのものだろう。感情を持続時間で加重《かじゅう》して測《はか》ってみると、たとえば下半身麻痺や結婚というような条件は四六時中続くものではなく、時々思い出される経験であるということが分かるはずだ。全体的な遡及評価の質問に対して人がどう答えるかは、一つには、その時点で生活のどんな側面が人の心に浮かび、その人の注意を引くかによって決まるのだ。

しかし、注意が移ることだけが、適応について唯一可能な説明というわけではない。たとえば、活動の置き換えも一役買っているのかもしれない。たとえば、所得が突然落ち込んだことによって、それまではいつもカントリークラブでゴルフをしていたのが、公園を散歩するということに変わってしまったとしても、経験効用はさほど失われないということもあり得る。時間の使い方に関係した満足の測定によって、こうした変化を説明できるかもしれない。

## 社会的な満足の測定——U指数

主観的な満足に関するデータを扱う際に難しいことの一つが、人はそれぞれ回答カテゴリーの解釈が違い、異なる解釈に基づいて答えてしまうということだ。もしジムという人が「とても満足」と言い、一方ティムのほうは単に「満足」と答えた場合、本当にジムの方がティムよりも満足しているのだろうか？ もしかしたらそうかもしれない。しかし、もしかしたらティムは、嬉《うれ》しい時も落ち込んでいる時にも、自分のことを言う場合に滅多に最上級を使わない人なのかもしれないし、ジムの方は自分について語る時に極端な表現をする人なのかもしれない。言い方を変えれば、ティムがある特定の感情についてのレベルを四と答えた時、それはジムにとってのレベル六と同じなのかもしれない。

調査をする時研究者は、回答カテゴリーには、回答者全員にとって共通で明確な意味を持つ言葉を使うように心がけてはいるが、それでもすべての回答者が用意された数値レベルを同じように使うという保証はない。主観的な満足に関するデータの示すものは明らかなのにもかかわらず、回答者の生活上の満足に付随する数値を解釈する方に重きを置くべきか、それとも、人それぞれに数値レベルの使い方が異なる可能性があるから、感情の状態の方に重きを置くべきかについて、当然ながら悩むことになる。

この問題を乗り越えるために、われわれは、U指数（Uは「不快（unpleasant）」もしくは「好ましくない（undesirable）」ことを表す）という指数を提案したい。U指数は、人が好ましくない状態で過ごす時間の割合を測定するものだ。この統計は即座に理解できる上に、その他にもいろいろ利点がある。何よりも大事なのは、U指数は気持ちのレベルを表す序数《じょすう》（順序を表す数。第一、第二、第三など）的な指標だということだ。

U指数を算定するには、まず、あるエピソードが不快か快（適）かを決める。エピソードが不快か快かを分類する方法はたくさんある。経験抽出法、もしくは一日再現法で集められたデータには、それぞれのエピソードを経験している間に、感情のいくつかの面の評価の観点から、その人がどんな感情を味わっていたかの記述が含まれている。その中には、肯定的（「幸せ」「楽しんでいる」「心温まる」のような）なものもあるし、否定的（「憂鬱な」「怒りを感じる」「イライラする」）というものもある。あるエピソードについて報告された中で、もっとも強い感情が否定的なものであれば――つまり、否定的な感情面の評価の最高値が、肯定的な感情面の評価の最高値よりもはっきりと高い場合――そのエピソードは「不快」に分類する。[原注7] この定義が、純粋にそれぞれのエピソード中の感情のランキングの順位のみに依存していることにも注目してほしい。ティムが〇《ゼロ》から六の強度尺度の中の二から四までを使い、ジムは〇から六までをフルに使っていたとしても、まったく関係がないのだ。どちらの人も同じ尺度をそれぞれ個人的に解釈して、肯定的、否定的感情の強さを報告する限り、どの感情が一番強いかの決定は影響を受けない（同点は無視するとして[原注8]）。

心理学的に見ると、U指数にはいくつか価値ある特性がある。まず、たいていの人は、ほとんどの時間に肯定的な感情が優勢なので、否定的な感情がもっとも強烈だというエピソードがあれば、それは重大だ。あるエピソードが不快であるためには、突出した否定的感情が複数あるとは限らない。第二に、他のすべての肯定的感情よりも、一つの否定的感情がより強烈であると言うからには、その人がその答えを熟考した上で意図的に選んでいる可能性が高い。最大値の評価を与えるということは、特に否定的な感情の場合には、そんなことは比較的稀《まれ》にしか起きないので、際立《きわだ》って突出しているということになる。第三に、各エピソードを通じて、さまざまな肯定的感情間の強さの相関は、否定的な感情間の相関よりも高いので、否定的感情が一つあることによってエピソード全体が色付けされていると考えることができる。たとえば、複数のエピソードを通じて「幸せ」と「楽しんでいる」の間の相関は〇・七三であるのに対し、「非難された」と「不安な」の間の相関は〇・三二である。このパターンは特に驚くべきものではない。「不安」であっても「非難された」とは感じないということは珍しくないが、「幸せ」なのに「楽しくない」と感じるのはおかしいからだ。これはレフ・トルストイにとっても自明の直感だった。『アンナ・カレーニナ』の冒頭を、彼はこんな言葉で始めている。「幸福な家庭は皆似ているが、不幸な家庭はそれぞれにその不幸の様を異にしている」。

もちろん、こんなふうに、瞬間やエピソードを「快」か「不快」かのどちらか一方に分類するという、二つしかカテゴリーのない分類法では、肯定的感情、否定的感情の強さについての情報はいくぶんか失われてしまう。貧困を二分法で分類してしまうと、貧困基準を下回る人々の物質的欠乏の深刻さを見逃すのと同じことだ。しかしわれわれは、不快なエピソードを順番で定義することには大いに意義があると考えている。人によって尺度の使い方が違うという問題を減らすこと以外にも、主観的な回答をどう数値的に計るかという問題は、われわれの二分法による測定を使えばもう問題にはならない。

まずエピソードを快か不快かのいずれかに分類したら、U指数を不快な状態で過ごす時間と定義する。U指数は個々人について算出することもできるし（この人が不快な気分でいる時間の割合は?）、サンプルグループの人々の平均値を出すこともできる。同じ指標を使って、表2のように、状況を示すのに使うこともできる（通勤時間の中で、人が不快な経験として過ごす時間の割合はどの位か?）。時間に基づいて合計することによって、U指数は有益な基数《きすう》（個数を表す語。一、二、三など）的特性を持つことになった点にも注目して頂きたい。U指数では、たとえば貧困水準と同じように、あるグループは別のグループよりもX%低いとか、時を経てY%落ちたというふうに算出することができる。感情の正味量ではこうした比較はできない。間隔《かんかく》尺度の要件を満たすのがせいぜいだ。

このテクニックの例を示すために、一日再現法でのテキサスの働く女性九〇九人のサンプルをU指数で計算してみた。感情の正味量の計算の場合と同じように、肯定的な感情は、「幸せ」「楽しんでいる」「心温まる」、否定的感情は「イライラしている」「不安な」「憂鬱な」「怒りを感じる」「うんざりする」「非難されている」というものだ。すると、平均的な女性が不快と感じている時間は、全時間中の一七・七%であることが分かった。U指数は、世帯収入が少なくなると共に若干落ち込み（所得三万五〇〇〇ドル以下の場合一八・九%、五万五〇〇〇ドル以上の場合一六・六%）、配偶者の有無には関係がないことが分かった。指数は年齢が上がると共に下がっている。一八歳から二四歳では、不快と感じる時間は全時間中の二二%であるのに対し、二五歳から四四歳では一九%、四五歳から六四歳では一五%だった。

感情の正味量の場合と同じように、不快と感じる時間の割合には、個人の性格特性が大きく影響していることが分かった。たとえば、憂鬱の度合いで上から三分の一までに入る人は、全時間中の三一%を不快と感じているのに対し、憂鬱の度合いで下から三分の一に属する人が不快と感じる割合は、全時間中の一三%だ（憂鬱の度合いは、以下の二つの質問で測定した。まず「先月、何かものごとをやり遂げようという熱意を保つのにどの程度苦労しましたか？」もう一つは、「先月、車を運転中、あるいは食事中、もしくは社会活動に従事している間、目を覚ましているのがたいへんだったことがどの位ありましたか？」図5は、全体として生活にあまり満足していないと申告した人は、より長い時間を不快と感じていることを示している。全体的に見て、上から一〇％に入る人は、全時間中の三八％を不快と感じていた。

表2は、U指数に基づく活動のランキングが、感情の正味量に基づくランキングと非常に似通っていることを示している。たとえば、朝の通勤時間の二八％は不快であり、業務時間の二一％が不快な一方、社交に費やす時間の中で不快なのはたった八％、親密な関係に費やされる時間の四％が不快と分類されている。一つだけ注目に値する相違は、U指数に基づく活動ランキングでは、祈りや礼拝が、感情の正味量の場合に比べて少し順位が落ちることだ。これは、人によっては祈りや礼拝のエピソードで感じることのある高い肯定的感情を、U指数が反映しないからだ。U指数が問題にするのはどの感情が優勢かということだけで、たとえ他と比べて少ししか優勢でない場合でもそれは変わらないということだ。

この研究結果から、精神的苦痛を減らすために――あるいは、少なくとも不快な感情を味わう時間を減らすのに――使えそうな二つの戦略が浮かび上がってくる。まず、多くの時間を不快と感じて過ごす少数の人々に向けて精神的健康のために治療介入をすること（たとえば坑うつ剤やポジティブ心理学）だ。第二に、時間配分に注目することだ。たとえば、通勤時間を減らすための介入（混雑税やマイカーの相乗りに対する助成金）によって、個人の感情状態にプラスの影響をもたらすことができそうだ。もちろん、こうした介入にどの程度プラスの影響があり得るかと、そのためにかかるコストとを比較検討しなければならないが。

あらゆることを含めて考えてみて、最近あなたは全体的に言ってどのくらい満足していますか？　とても満足ですか？　ある程度満足ですか？　ある程度不満ですか？　とても不満ですか？

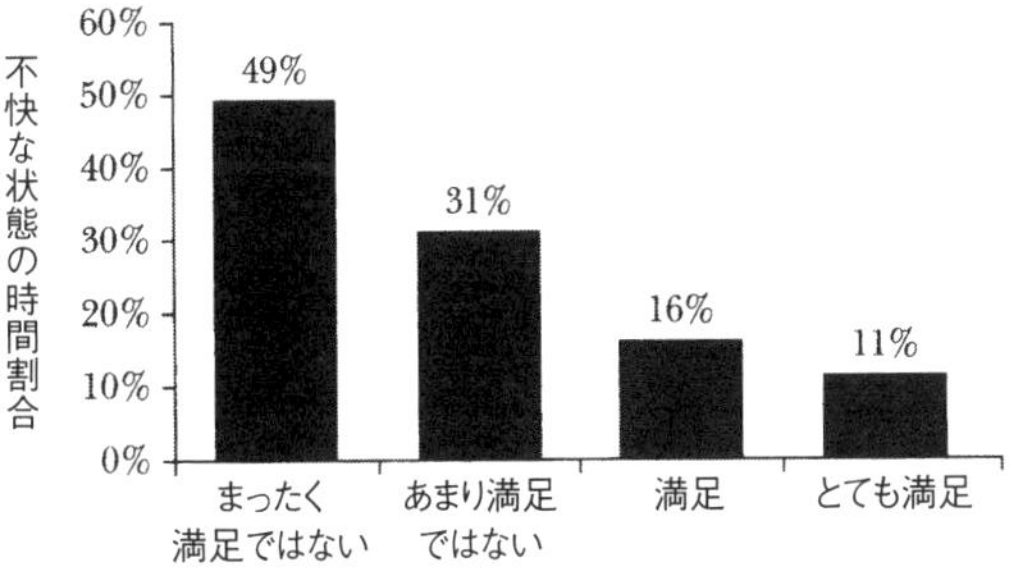


図5　全体的な生活上の満足によるU指数

U指数でわれわれが得た結果は、単に説明のための例を挙げてみたにすぎない。指数を作るに当たって解決しなければならない問題の一つは、満足の評価に関連する感情としてどんなものを含めるべきかということだ。適切な形容詞をリストアップするための正式なプロセスはいまだになく、リストは研究目的によって異なる。ラッセル[40]のコア感情（core affect）理論では、感情は二つの面で描写される（一つは「快」と「不快」の範囲、もう一つは「非常にやる気になる」から「非常に無力化する」までの範囲）が、これは満足の研究にどんな記述子を含めるべきかについて考える時、役に立つフレームワークになってくれる。われわれはこの領域を代表する感情を選ぶようにした。

## まとめ

主観的な満足についての回答は、個人の健康や神経機能の状態や性格に関係があり、また将来の行動のいくつかを予測することもある、という事実から、少なくとも人の心の状態のいくつかの特徴を捉《とら》えるという意味で、回答データは研究対象として妥当だと言える。リアルタイムで集められた測定値、あるいは実際に起きたことの記述に関係する測定値には、記憶のフィルタをできるだけ少なくすること、そして「満足」と、変化しうる重要な何か――つまり、人がいかに時間を使うか――とを結びつけるという利点がある。時間の使い方はまた、従来の経済分析にもよく馴染《なじ》む。

主観的測定には注意すべきことがたくさんあるものの、満足についての自己申告測定を受け入れれば、経済学に大きな影響を与える可能性がある。まず、満足の主観的測定によって、厚生をより直接分析することができるようになり、従来の厚生分析を補うのに役立つ可能性がある。第二に、今までに分かった結果から考えると、社会的厚生を最大にすることに関心のある人たちは、消費機会を増やすことではなく、社会的接触を増やすことに力点を移すべきだということだ。第三に、満足の主観的測定に焦点を絞ることによって、人の満足を決定する要素として所得を重視する代わりに、その人の社会的地位に重きを置いた方がよいという考え方に変わって行くかもしれない。第四に、生活上の満足は比較的変わることがなく、また適応も顕著だが、時間配分を変えることには影響を受け得るし、また、少なくとも短期間には、状況の変化にも影響を受け得る。主観的満足の研究で分かった研究結果によって経済政策がいかに影響を受け得るかについて、レイヤード[27]が刺激的な議論を展開している。

もう一つ、最終的な展開としては、国家的に満足の指数を採用して、国民所得生産勘定(National Income and Product Accounts)を補うということも考えられる。現実に、ブータン王国は国民総幸福量(Gross National Happiness)の値を目標に掲げているし、他にもイギリスやオーストラリアを含む政府が、主観的満足の国家的測定方法を作り出すことに力を入れている。今分かっている知見と主観的測定の限界を考えると、われわれとしては、国民総幸福量を尺度としようというのは、目標とするにはあまりに野心的過ぎるように思う。しかし、U指数、あるいは人が不快な心の状態で過ごす時間の割合ならば、社会的な満足の重要な特徴を測定する優れた方法として期待することができる。U指数は自己申告された感情のたった一つの特徴だけに焦点を当てるものではあるが、エピソードレベルにおける感情の序数的指標に基づいたものだから、人によって尺度の使い方にばらつきがあることの影響を減らすことができるし、基本的には時間配分と結びついたものだ。こうした理由から、U指数は特に、国をまたいだ比較に適している。標準的な満足に関する質問の場合、それに対する回答は、文化や言葉の違いによって歪曲《わいきょく》される可能性があるからだ。最後に、政策立案者にとっても、幸せという漠然としたコンセプトを最大限に大きくしようとするよりも、苦痛という具体的なコンセプトを最小限に抑えるという考え方をする方がより楽に取り組めるのではないだろうか。

＊ヒューレット基金、米国立老化研究所、プリンストン大学ウッドロー・ウィルソン・スクールの財政支援に感謝致します。リチャード・レイヤードとコロンビア大学およびニュースクール・フォー・ソーシャル・リサーチのセミナー参加者から有益な助言をいただきました。編集者の方々からも、思慮に富んだ多くのコメントをいただき、感謝しています。

本稿に使用したＤＲＭデータは、以下のサイトで入手可能（http://www.krueger.princeton.edu/Subjective.htm）。

*Proceedingso f the National Academy of Sciences*. May 3, 102:18, pp. 6508-512.
[45] Stone, Arthur and Saul Shiffman. 1994. "Ecological Momentary Assessment (EMA) in Behavioral Medicine." *Annals of Behavioral Medicine*. 16, pp. 199-202.
[46] Urry, Heather, Jack Nitschke, Isa Dolski, Daren Jackson, Kim Dalton, Corrina Mueler, Melissa Rosenkranz, Carol Ryff, Burton Singer and Richard Davidson. 2004. "Making a Life Worth Living." *Psychological Science*. 15:6, pp. 367-72.
[47] van Praag, Bernard M. S. and Ada Ferrer-i-Carbonell. 2004. *Happiness Quantified—A Satisfaction Calculus Approach*. Oxford: Oxford University Press.

*Sciences*. Boulder, Colo.: Paradigm Publishers.
[33] Nordhaus, William. 1998. "Quality Change in Price Indexes." *Journal of Economic Perspectives*. 12:1, pp. 59-68.
[34] Oreopoulos, Philip. 2003. "Do Dropouts Drop Out Too Soon? Evidence from Changes in School-Leaving Laws." Mimeo, University of Toronto, March.
[35] Oswald, Andrew and Nattavudh Powdthavee. 2005. "Does Happiness Adapt? A Longitudinal Study of Disability with Implications for Economists and Judges." Mimeo, University of Warwick, September.
[36] Rayo, Luis and Gary S. Becker. 2005. "On the Foundations of Happiness." Mimeo, University of Chicago.
[37] Redelmeier, Donald and Daniel Kahneman. 1996. "Patients' Memories of Painful Medical Treatments: Real-Time and Retrospective Evaluations of Two Minimally Invasive Procedures." *Pain*. 66:1, pp. 3-8.
[38] Riis, Jason, George Loewenstein, Jonathan Baron, Christopher Jepson, Angela Fagerlin and Peter A. Ubel. 2005. "Ignorance of Hedonic Adaptation to Hemo-Dialysis: A Study Using Ecological Momentary Assessment." *Journal of Experimental Psychology*: General. 134:1, pp. 3-9.
[39] Robinson, John P. and Geoffrey Godbey. 1997. *Time for Life*: The Surprising Ways Americans Use Their Time. University Park, Penn.: Pennsylvania State University Press.
[40] Russell, James. 2003. "Core Affect and the Psychological Construction of Emotion." *Psychological Review*. 110:1, pp. 145-72.
[41] Schwarz, Norbert. 1987. *Stimmung als Information: Untersuchungen zum Einfluflβ von Stimmungen auf die Bewertung des eigenen Lebens. Heidelberg: Springer Verlag.*
[42] Schwarz, Norbert and G. L. Clore. 1983. "Mood, Misattribution, and Judgments of Well-Being: Informative and Directive Functions of Affective States." *Journal of Personality and Social Psychology*. 45:3, pp. 513-23.
[43] Smith, Dylan M, Kenneth M. Langa, Mohammed U. Kabeto and Peter A. Ubel. 2005. "Health, Wealth, and Happiness." *Psychological Science*. 16:9, pp. 663-66.
[44] Steptoe, Andrew, Jane Wardle and Michael Marmot. 2005. "Positive Affect and Health-Related Neuroendocrine, Cardiovascular, and Inflammatory Processes."

*and Well-Being*. F. T. Juster and F. P. Stafford, eds. Ann Arbor, Mich.: Institute for Social Research, University of Michigan, pp. 335-51.
[21] Juster, F. Thomas, Paul N. Courant and Greg K. Dow. 1985. "A Conceptual Framework for the Analysis of Time Allocation Data," in *Time, Goods, and Well-Being*. F. Thomas Juster and Frank P. Stafford, eds. Ann Arbor, Mich.: Institute for Social Research, University of Michigan, pp. 113-31.
[22] Kahneman, Daniel, Barbara Fredrickson, Charles A. Schreiber and Donald Redelmeier. 1993. "When More Pain is Preferred to Less: Adding a Better End." *Psychological Science*. 4:6, pp. 401-05.
[23] Kahneman, Daniel, Alan B. Krueger, David A. Schkade, Norbert Schwarz and Arthur A. Stone. 2004. "A Survey Method for Characterizing Daily Life Experience: The Day Reconstruction Method." *Science*. 306:5702, pp. 1776-780.
[24] Kiecolt-Glaser, Janice K., Lynanne McGuire, Theodore F. Robles and Ronald Glaser. 2002. "Psychoneuroimmunology: Psychological Influences on Immune Function and Health." *Journal of Consulting and Clinical Psychology*. 70:3, pp. 537-47.
[25] Kling, Jeffrey, Jeffrey Liebman and Lawrence Katz. 2005. "Experimental Analysis of Neighborhood Effects." Mimeo, Harvard University.
[26] Krueger, Alan B. and Aaron Siskind. 1998. "Using Survey Data to Assess Bias in the Consumer Price Index." *Monthly Labor Review*. 121:4, pp.24-33.
[27] Layard, Richard. 2005. *Happiness: Lessons from a New Science*. London: Penguin.
[28] Lucas, Richard, Edward Diener and E. M. Suh. 1996. "Discriminant Validity of Well-Being Measures." *Journal of Personality and Social Psychology*. 71:3, pp. 616-28.
[29] Lucas Richard, Andrew Clark, Yannis Georgellis and Edward Diener. 2004. "Unemployment Alters the Set Point for Life Satisfaction." *Psychological Science*.1 5:1, pp. 8-13.
[30] Luttmer, Erzo. 2005. "Neighbors as Negatives: Relative Earnings and Well-Being." *Quarterly Journal of Economics*. 120:3, pp. 963-1002.
[31] Lykken, David T. and Auke Tellegen. 1996. "Happiness is a Stochastic Phenomenon." *Psychological Science*. 7:3, pp. 186-89.
[32] Michelson, William. 2005. *Time Use: Expanding Explanation in the Social*

542-75.
[8] Diener, Ed and Eunkook M. Suh. 1999. "National Differences in Subjective *Well-Being," in Well-Being: The Foundations of Hedonic Psychology*. D. Kahneman, E. Diener and N. Schwarz, eds. New York: Russell-Sage, pp. 434-50.
[9] Diener, Ed, E. Sandvik and W. Pavot. 1991. "Happiness is the Frequency, Not the Intensity, of Positive versus Negative Affect," in *Subjective Well-Being*. F. Strack, M. Argyle and N. Schwarz,eds. New York: Pergamon Press, pp. 119-40.
[10] Di Tella, Rafael, Robert MacCulloch and Andrew Oswald. 2001. "Preferences over Inflation and Unemployment: Evidence from Surveys of Happiness." *American Economic Review*. March, 91, pp. 335-41.
[11] Easterlin, Richard A. 1974. "Does Economic Growth Improve the Human Lot?" Some Empirical Evidence, in *Nations and Households in Economic Growth: Essays in Honor of Moses Abramovitz*. Paul A. David and Melvin W. Reder, eds. New York: Academic Press, pp. 98-125.
[12] Easterlin, Richard A. 1995. "Will Raising the Income of all Increase the Happiness of All?" *Journal of Economic Behavior and Organization*. 27:1, pp. 35-47.
[13] Easterlin, Richard A. 2001. "Income and Happiness: Towards a Unified Theory." *Economic Journal*. July, 111, pp. 465-84.
[14] Easterlin, Richard A. 2003. "Explaining Happiness." *Proceedings of the National Academy of Sciences*. September 16, 100:19, pp. 11176-183.
[15] Ferrer-i-Carbonell, Ada. 2005. "Income and Well-Being: An Empirical Analysis of the Comparison Income Effect." *Journal of Public Economics*. 89:5-6, pp. 997-1019.
[16] Freeman, Richard. 1978. 'Job Satisfaction as an Economic Variable." *American Economic Review*. 68:2, pp. 135-41.
[17] Frey, Bruno and Alois Stutzer. 2002. *Happiness & Economics*. Princeton: Princeton University Press.
[18] Gruber, Jonathan and Sendhil Mullainathan. 2004. "Do Cigarette Taxes Make Smokers Happier?" *Advances in Economic Analysis & Policy*. 5:1, article 4.
[19] Helliwell, John F. and Robert D. Putnam. 2005. "The Social Context of Well-Being," in *The Science of Well-Being*. F. A. Huppert, B. Kaverne and N. Baylis, eds. London: Oxford University Press, chapter 17.
[20] Juster, F. Thomas. 1985. "Preferences for Work and Leisure," in *Time, Goods,*

Reports and Correlates Over One Week." *Arthritis Care and Research*. 10:3, pp. 185-93.
[38] Strack, Fritz, Leonard L. Martin and Norbert Schwarz. 1988. "Priming and Communication: The Social Determinants of Information Use in Judgments of Life-Satisfaction."*European Journal of Social Psychology* O. ctober, 18, pp. 429-42.
[39] Van Boven, Leaf and George Loewenstein. 2003. "Social Projection of Transient Drive States." *Personality and Social Psychology Bulletin*. 29:9, pp. 1159-168.
[40] Van Boven, Leaf, David Dunning and George Loewenstein. 2000. "Egocentric Empathy Gaps Between Owners and Buyers: Misperceptions of the Endowment Effect." *Journal of Personality and Social Psychology*. July, 79:1, pp. 66-76.

## 第４章　主観的な満足の測定に関する進展

[1] Alesina, Alberto, Edward Glaeser and Bruce Sacerdote. 2005. "Work and Leisure in the U.S. and Europe: Why so Different?" Mimeo, Harvard University.
[2] Brickman, Philip, Dan Coates and Ronnie Janoff-Bulman. 1978. "Lottery Winners and Accident Victims: Is Happiness Relative1"*Journal of Personality and Social Psychology*3. 6:8, pp. 917-27.
[3] Clark, Andrew and Andrew Oswald. 1996."Satisfaction and Comparison Income." *Journal of Public Economics*6. 1:3, pp. 359-81.
[4] Clark, Andrew, Ed Diener, Yannis Georgellis and Richard Lucas. 2003. "Lags and Leads in Life Satisfaction: A Test of the Baseline Hypothesis." Working Paper 2003-14, Delta.
[5] Cohen, Sheldon, William J. Doyle, Ronald B. Turner, Cuneyt M. Alper and David P. Skoner. 2003. "Emotional Style and Susceptibility to the Common Cold." *Psychosomatic Medicine*.6 5:4, pp. 652-57.
[6] Csikszentmihalyi, Mihaly. 1990. Flow: *The Psychology of Optimal Experience*. New York: HarperCollins.
[7] Diener, Ed. 1984. "Subjective Well-Being." *Psychological bulletin*. 95:3, pp.

Supermarket Shopping Behavior." *Proceedingso f the Annual Convention of the American Psychological Association*. 3, pp. 683-84.
[26] Read, Daniel and Barbara Van Leeuwen. 1998. "Predicting Hunger: The Effects of Appetite and Delay on Choice." *Organizational Behavior and Human Decision Processes*. 76:2, pp. 189-205.
[27] Read, Daniel, George Loewenstein and Shobana Kalyanarama. 1999. "Mixing Virtue and Vice: Combining the Immediacy Effect and the Diversification Heuristic." *Journal of Behavioral Decision* Making. 12:4, pp. 257-73.
[28] Read, Daniel, Gerrit Antonides, Laura van den Ouden and Harry Trienekens. 2001. "Which is Better: Simultaneous or Sequential Choice?" *Organizational Behavior and Human Decision Processes*. 84:1, pp. 54-70.
[29] Redelmeier, Donald A., Joel Katz and Daniel Kahneman. 2003. "Memories of Colonoscopy: A Randomized Trial." *Pain*. 104:1-2, pp. 187-94.
[30] Rozin, Paul and Edward B. Royzman. 2001. "Negativity Bias, Negativity Dominance, and Contagion." *Personality and Social Psychology Review*. 5:4, pp. 296-320.
[31] Schkade, David A. and Daniel Kahneman. 1998. "Does Living in California Make People Happy? A Focusing Illusion inJudgments of Life Satisfaction. "*Psychological Science*. 9:5, pp. 340-46.
[32] Schreiber, Charles A. and Daniel Kahneman. 2000. "Determinants of the Remembered Utility of Aversive Sounds." *Journal of Experimental psychology: General*. 129:1, pp. 27-42.
[33] Schwarz, Norbert. 1996. *Cognition and Communication: Judgmental Biases, Research Methods, and the Logic of Conversation*. Hillsdale, New Jersey: Lawrence Erlbaum.
[34] Scitovsky, Tibor. 1976. *The Joyless Economy*. Oxford: Oxford University Press.
[35] Simonson, Itamar. 1990. "The Effect of Purchase Quantity and Timing on Variety-Seeking Behavior." *Journal of Marketing Research*. May, 27, pp. 150-62.
[36] Simonson, Itamar and Russell S. Winer. 1992. "The Influence of Purchase Quantity and Display Format on Consumer Preference for Variety." *Journal of Consumere Rsearch*. 19:1, pp. 133-38.
[37] Stone, Arthur A., Joan E. Broderick, Laura S. Porter and Alan T. Kaell. 1997. "The Experience of Rheumatoid Arthritis Pain and Fatigue: Examining Momentary

and Thalia P. Wheatley. 1998. "Immune Neglect: A Source of Durability Bias in Affective Forecasting." *Journal of Personality and Social Psychology*. 75:3, pp. 617-38.
[15] Gilovich, Thomas, Dale Griffen and Daniel Kahneman. 2002. *Heuristics and Biases: The Psychology of Intuitive Judgment*. Cambridge, UK: Cambridge University Press
[16] Hsee, Christopher K. 2000. "Attribute Evaluability and its Implications for Joint-Separate Evaluation Reversals and Beyond," in *Choices, Values and Frames*. D. Kahneman and A. Tversky eds. Cambridge, UK: Cambridge University Press, pp. 543-63.
[17] Jolls, Christine, Cass Sunstein and Richard H. Thaler. 1998. "A Behavioral Approach to Law and Economics." *Stanford Law Review*. 50:5, pp. 1471-550.
[18] Kahneman, Daniel. 1994. "New Challenges to the Rationality Assumption." *Journal of Institutional and Theoretical Economics*. 150:1, pp. 18-36.
[19] Kahneman, Daniel, Peter P. Wakker and Rakesh Sarin. 1997. "Back to Bentham1 Explorations of Experienced Utility." *Quarterly Journal of Economics*. May, 112:2, pp. 375-405.
[20] Kahneman, Daniel, B. Fredrickson, C. M. Schreiber and Donald Redelmeir. 1993. "When More Pain is Preferred to Less: Adding a Better End." *Psychological Science*. 4:6, pp. 401-05.
[21] Loewenstein, George. 1996. "Out of Control: Visceral Influences on Behavior." *Organizational Behavior and Human Decision Processes*. 65:3, pp. 272-92.
[22] Loewenstein, George and Lisa Marsch. 2004. "Altered States: The Impact of Immediate Craving on the Valuation of Current and Future Opioids." Unpublished working paper, Carnegie-Mellon University.
[23] Loewenstein, George and David Schkade. 1999. "Wouldn't It Be Nice: Predicting Future Feelings," in *Well Being: The Foundation of Hedonic Psychology*. D. Kahneman, E. Diener and N. Schwarz, eds. New York: Russell Sage, pp. 85-108.
[24] Loewenstein, George, Ted O'Donoghue and Matthew Rabin. 2003. "Projection Bias in Predicting Future Utility." *Quarterly Journal of Economics*. 118:4, pp. 1209-248.
[25] Nisbett, Richard E. and David E. Kanouse. 1968. "Obesity, Hunger, and

Loewenstein and Lisa Marsch. 2004." Altered States: The Impact of Immediate Craving on the Valuation of Current and Future Opioids." Working paper,Carnegie-Mellon University.
[3] Baumeister, R. F., E. Bratslavsky, C. Finkenauer and K. D. Vohs. 2001." Bad is Stronger than Good." *Review of General Psychology*. 5, pp. 323-70.
[4] Bentham, Jeremy. 1789. *An Introduction to the Principle of Morals and Legislations*. Oxford, UK: Blackwell.
[5] Brickman, Philip, Dan Coates and Ronnie Janoff-Bullman. 1978. "Lottery Winners and Accident Victims: Is Happiness Relative?" *Journal of Personality and Social Psychology*. 36:8, pp.917-27.
[6] Clark, Andrew E., Ed Diener, Yannis Georgellis and Richard E. Lucas. 1988. "Lags and Leads in Life Satisfaction: A Test of the Baseline Hypothesis." Delta Working Paper 2003-14.
[7] Colin, Michael, Ted O'Donoghue and Timothy Vogelsang. 2004. "Projection Bias in Catalogue Orders." Unpublished working paper, Cornell University Economics Department.
[8] DellaVigna, Stefano and Ulrike Malmendier. Forthcoming. "Paying Not to Go to the Gym." *American Economic Review*.
[9] Ellsberg, Daniel. 1961. "Risk, Ambiguity and the Savage Axioms." *QuarterlyJ ournal of Economics*. 75:4, pp. 643-69.
[10] Edgeworth, Francis Ysidro. 1881. *Mathematical Psychics*. London: C. K. Paul.
[11] Gilbert, Daniel T. and Timothy D. Wilson. 2000. "Miswanting: Some Problems in the Forecasting of Future Affective States," in *Thinking and Feeling: The Role of Affect in Social Cognition*. J. Forgas, ed. Cambridge: Cambridge University Press, pp. 178-97.
[12] Gilbert, Daniel T., Erin Driver-Linn and Timothy D. Wilson. 2002. "The Trouble with Vronsky: Impact Bias in the Forecasting of Future Affective States," in *The Wisdom in Feeling: Psychological Processes in Emotional Intelligence*. L. F. Barrett and P. Salovey, eds. New York: Guilford, pp. 114-43.
[13] Gilbert, Daniel, M. Gill and Timothy Wilson. 1998. "How Do We Know What We Will Like? The Informational Basis of Affective Forecasting." Unpublished manuscript, Harvard University.
[14] Gilbert, Daniel T., Elizabeth C. Pinel, Timothy D. Wilson, Stephen J. Blumberg

acquiescence in another culture. *Journal of Abnormal and Social Psychology*, 62, 543-560.

[36] Raiffa, H. (1968). Decision analysis: Introductory lectures on choices under uncertainty. Reading, MA: Addison-Wesley.

[37] Schreiber, C.A., & Kahneman, D. (2000). Determinants of the remembered utility of aversive sounds, *Journal of Experimental Psychology*: General, 129, 27-42.

[38] Sloman, S.A. 1996. The empirical case for two systems of reasoning. *Psychological Bulletin*, 119, 3-22.

[39] Stanovich, K. E. (1999). *Who is Rational?: Studies of Individual Differences in Reasoning*. Lawrence Erlbaum. Mahwah, New Jersey.

[40] Sunstein, C., Kahneman, D., Schkade, D., & Ritov, I. (2002). Predictably incoherent judgments. *Standard Law Review*.

[41] Thaler, R. (1980). Toward a positive theory of consumer choice. *Journal of Economic Behavior and Organization*, 39, 36-90.

[42] Tversky, A., & Kahneman, D. (1974). Judgment under uncertainty: Heuristics and biases. *Science*, 185, 1124-1131.

[43] Tversky, A. (1977). Features of similarity. *Psychological Review*, 84, 327-352.

[44] Tversky, A., & Kahneman, D. (1983). Extensional vs. intuitive reasoning: The conjunction fallacy in probability judgment. *Psychological Review*, 293-3l5.

[45] Tversky, A., & Kahneman, D. (1986). Rational choice and the framing of decisions. *Journal of Business*, 59, S251-0S278.

[46] Williams, A.C. (1966). Attitudes toward speculative risks as an indicator of attitudes toward pure risks. *Journal of Risk and Insurance*, 33, 577-586.

## 第 3 章　効用最大化と経験効用

[1] Allais, Maurice. 1953. "Le Comportement de L'Homme Rationnel Devant le Risque, Critique des Postulats et Axioms de L'Ecole Americaine." *Econometrica*. 21, pp. 503-46.

[2] Badger, Gary J., Warren K. Bickel, Louis A. Giordano, Eric A. Jacobs, George

of Institutional and Theoretical Economics, 150, 18-36. Reprinted as Kahneman, D. New challenges to the rationality assumption. *Legal Theory*, 3, 1997, 105-124.
[24] Kahneman, D., & Tversky, A. (1996). On the reality of cognitive illusions: A reply to Gigerenzer's critique. *Psychological Review*, 103, 582-591.
[25] Kahneman, D., Ritov, I., and Schkade, D. (1999). Economic preferences or attitude expressions? An analysis of dollar responses to public issues. *Journal of Risk and Uncertainty*, 19, 220-242. Reprinted as Ch. 36 in Kahneman, D, and Tversky, A. (Eds.), *Choices, Values and Frames*. New York: Cambridge University Press and the Russell Sage Foundation, 2000.
[26] Kahneman, D, and Tversky, A. (Eds.), *Choices, Values and Frames*. New York: Cambridge University Press and the Russell Sage Foundation, 2000.
[27] Kahneman, D., and Frederick, S. (2002). Representativeness revisited: Attribute substitution in intuitive judgment. In T. Gilovich, D. Griffin and D. Kahneman (Eds.) *Heuristics and Biases: The Psychology of Intuitive Judgment*. New York: Cambridge University Press, 2002.
[28] Klein, G. (2000). The fiction of optimization. In *Bounded rationality: The adaptive toolbox*, G. Gigerenzer & R. Selton (Eds.). Cambridge, USA: The MIT Press. 103-121.
[29] Latham, G., Erez, M. & Locke, E. (1988), Resolving Scientific Disputes by the Joint Design of Crucial Experiments by the Antagonists: Application to the Erez-() Latham Dispute Regarding Participation in Goal-Setting. J. of *Applied Psychology*, 73, 753-772.
[30] Laibson, D. & Zeckhauser, R. (1998). Amos Tversky and the ascent of behavioral economics. *Journal of Risk and Uncertainty*, 16, 7-47.
[31] Lopes, (1991). The rhetoric of irrationality. *Theory and Psychology*, 1, 65-82.
[32] Meehl, P.E. (1954). Clinical versus statistical prediction: A theoretical analysis and a review of the evidence. Minneapolis: University of Minnesota Press.
[33] Mellers, A., Hertwig, R., and Kahneman, D. (2001). Do frequency representations eliminate conjunction effects? An exercise in adversarial collaboration. *Psychological Science*, 12, 269-275.
[34] Mischel, W. (1961a). Preference for delayed reinforcement and social-responsibility. *Journal of Abnormal and Social Psychology*, 62, 1-15.
[35] Mischel, W. (1961b). Delay of gratification, need for achievement, and

[9] Gigerenzer, G. (1991). How to make cognitive illusions disappear: Beyond 'heuristics and biases'. In W. Stroebe & M. Hewstone (Eds.), *European review of social psychology*, (Vol. 2, 83-115). Chichester, England: Wiley.

[10] Gigerenzer, G. (1996). On narrow norms and vague heuristics: A rebuttal to Kahneman and Tversky (1996). *Psychological Review*, 103, 592-596.

[11] Gilovich, T., Medvec, V.H., & Kahneman, D. (1998). Varieties of regret: A debate and partial resolution. *Psychological Review*, 105, 602-605.

[12] Kahneman, D., & Schild, E.O. (1966). Training agents of social change in Israel: Definitions of objectives and a training approach. *Human Organization*, 25, 323-327.

[13] Kahneman, D. (1973). *Attention and Effort*. Englewood Cliffs, NJ: Prentice-Hall.

[14] Kahneman, D., & Tversky, A. (1973). On the psychology of prediction. *Psychological Review*, 80, 237-25l.

[15] Kahneman, D., & Tversky, A. (1979). Prospect theory: An analysis of decisions under risk. *Econometrica*, 47, 313-327.

[16] Kahneman, D., & Tversky, A. (1984). Choices, values and frames. *American Psychologist*, 39, 341-350.

[17] Kahneman, D., Knetsch, J., & Thaler, R. (1986a). Fairness as a constraint on profit seeking: Entitlements in the market. *The American Economic Review*, 76, 728-741.

[18] Kahneman, D., Knetsch, J., & Thaler, R. (1986b). Fairness and the assumptions of economics. *Journal of Business*, 59, S285-S300.

[19] Kahneman, D., Knetsch, J., & Thaler, R. Experimental tests of the endowment effect and the Coase theorey. *Journal of Political Economy*, 1990, 98(6), 1325-1348.

[20] Kahneman, D., & Miller, D.T. (1986). Norm theory: Comparing reality to its alternatives. *Psychological Review*, 93, 136-153.

[21] Kahneman, D. (1987). Experimental economics: A psychological perspective. In R. Tietz, W. Albers and R. Selten (Eds.), *Modeling Bounded Rationality*, 11-20.

[22] Kahneman, D., Fredrickson, D.L., Schreiber, C.A., & Redelmeier, D.A. (1993). When more pain is preferred to less: Adding a better end. *Psychological Science*, 4, 401-405.

[23] Kahneman, D. (1994). New challenges to the rationality assumption. Journal

## [参考文献]

---

### 第1章　ノーベル賞記念講演　限定合理性の地図

---


[1]　List, John (2002)


---

### 第2章　自伝

---


[1]　Ariely, D., Kahneman, D. & Loewenstein, G. (2000). Joint comment on "When does duration matter in judgment and decision making". *Journal of Experimental Psychology*: General, 129, 524-529.

[2]　Arrow, K. J. (1982). Risk perception in psychology and economics. *Economic Inquiry*, 20, 1-9.

[3]　Ayton, P. (1998). How bad is human judgment? In Forecasting with judgment, G. Wright & P. Goodwin (Eds.). West Sussex, England: John Wiley & Sons.

[4]　Bateman, I., Kahneman, D., Munro, A., Starmer, C. & Sugden, R. (2003). Is there loss aversion in buying? An adversarial collaboration. (under review).

[5]　Cohen, L.J. (1981). Can human irrationality be experimentally demonstrated? *The Behavioral and Brain Sciences*, 4, 317-331.

[6]　Coombs, C.H., Dawes, R.M., Tversky, A. (1970). Mathematical Psychology: An elementary introduction. Oxford, England: Prentice-Hall.（『数理心理学序説』小野茂監訳、新曜社、1970年）

[7]　Cosmides, L. & Tooby, J. (1996). Are humans good intuitive statisticians after all? Rethinking some conclusions from the literature on judgment under uncertainty. *Cognition*, 58, 1-73.

[8]　Erev, I. & Rapoport, A. (1998). Coordination, "magic", and reinforcement learning in a market entry game. *Games and Economic Behavior*, 23, 146-175.

快」の瞬間を少なめにカテゴライズしていることにも注意してほしい。

**原注8**　形式的には、f(.)を単調増加関数とする。Pを肯定的な感情の最高強度、Nを否定的感情の最高強度とすると、単調変換に関係なく、f(P)＞f(N)だということになる。

う活動が好きか嫌いかは、同じように満足を決定づける重要な要因である。これは、新たにペンキを塗った家にその人がどのくらい満足したかには関係がない」。

**原注2**　具体的には、回答者に対する質問はこんなふうだった。「あらゆることを含めて考えてみた時、最近の生活にどの程度満足していますか？　とても満足していますか？　あまり満足ではありませんか？　全然満足ではありませんか？」 相関を計算するために、われわれは回答に1から4までの数値を当てはめた。

**原注3**　時間の使い方に関する研究では、家庭での活動を「自由裁量」もしくは「義務」に分類し、そうした活動の満足を性別に応じて区別するのが一般的だ。家庭での活動の中には（たとえば皿洗いなどのような）、女性にとっては義務であると認識されるが、男性には自由裁量と思われるものもある。マイケルソン［32］がこの研究を概観している。

**原注4**　ロビンソンとゴッドベイ［39］はこの結論を予想していた。

**原注5**　誰もがこの結論に納得しているというわけではない。たとえばイースタリン［14］）は、人間は所得レベルには適応するが、結婚には適応しないと論じている。

**原注6**　混乱の原因になるかもしれない影響は、感情の正味量のデータよりも満足度のデータの方が当てになるということだ。なぜなら、感情の正味量は1日限りに関するものだからだ。しかし、2004年3月にサンプルとなった人たちに再度インタビューしてみると、2週間の間をあけると、感情の正味量の方が、生活上の満足度よりも相関が高いことが分かった。

**原注7**　われわれのアプローチは、肯定的感情の評価の平均が、否定的な感情の評価の平均よりも大きい、もしくは小さいということを基準に、その瞬間が「快」か「不快」かをカテゴライズするという、ディーナー、サンドヴィック、パヴォット［9］が提案したやり方と同様のものだ。最大値とは違って、感情の評価の平均を取るためには、基数的な値が必要だ。また、否定的な感情間の相関が低い傾向があることから、彼らの方法では、われわれの使う定義よりも「不

# ［原注］

## 第２章　自伝

**原注１**　この時には知らなかったのだが、心理学の分野でこのプロセスを提起したのは私が初めてではない。それ以前にレイサム、エレズ、ロック［29］がすでに「対立的協力」について報告している。

## 第３章　効用最大化と経験効用

**原注１**　これらの実験は、患者に大量の鎮痛剤を与えるのが一般的になる前に行われた。もしも医者が「チクっとも痛くないから」と言うので、これと同じ検査をやってみようとお思いになる方がいれば、この事実は笑って請け合ってもいい。

**原注２**　宣伝のために公表せざるを得なくなったのだが、このカリフォルニアの研究論文を書いた著者の１人は、最近南カリフォルニアに引っ越した。しかし彼の言によれば、これは天気（だけ）に影響されてのことではないそうである。

## 第４章　主観的な満足の測定に関する進展

**原注１**　ジャスター、クーラント、ダウの「プロセス・ベネフィット」の定義はこうだ。「他の活動をまったくしなくなってしまうほど、人がある活動に専念することによる直接の主観的結果。たとえば、ある人が「家のペンキ塗り」にどれくらいの時間を費やすかとともに、その人がどのくらい「家のペンキ塗り」とい

［著者紹介］

**ダニエル・カーネマン**（Daniel Kahneman）

心理学者。プリンストン大学名誉教授。2002年ノーベル経済学賞受賞（心理学的研究から得られた洞察を経済学に統合した功績による）。

1934年、テル・アビブ（現イスラエル）に生まれ、フランスで育つ。1948年、英国委任統治領パレスチナ（現イスラエル）へ移住。ヘブライ大学で学ぶ。専攻は心理学、副専攻は数学。イスラエル軍での兵役を務めたのち、米国へ留学。カリフォルニア大学バークレー校で博士号（心理学）取得。その後、人間が不確実な状況下で下す判断・意思決定に関する研究を行い、その研究が行動経済学の誕生とノーベル賞受賞につながる。近年は、人間の満足度（幸福度）を測定しその向上をはかるための研究を行っている。著作多数。より詳しくは本文第2章「自伝」および年譜を参照。

［監訳者紹介］

**友野典男**（ともの・のりお）

1954年埼玉県生まれ。早稲田大学商学部卒業、同大学院経済学研究科博士後期課程退学。明治大学短期大学教授を経て、2004年より明治大学情報コミュニケーション学部教授。専攻は行動経済学、ミクロ経済学。主な著書・訳書に、『行動経済学――経済は「感情」で動く』（光文社新書）、『慣習と秩序の経済学』（訳書、日本評論社）などがある。

［訳者紹介］

**山内あゆ子**（やまのうち・あゆこ）

翻訳家。早稲田大学第一文学部卒、シカゴ大学大学院人文学科修士課程修了。法政大学、日米会話学院他で講師も務める。戯曲「エドマンド」の翻訳で第13回湯浅芳子賞受賞。訳書に『ある広告人の告白［新版］』『「売る」広告［新訳］』（海と月社）、『ダルフールの通訳』（ランダムハウス講談社）など。著書に『会社で使う英語表現集』（共著／ナツメ社）がある。


**※おことわり**

◎本文中（）内の文字サイズが小さな部分、および、本文欄外の＊印を付した部分は、訳注です。

◎第1章の小見出しは、日本語版制作にあたって独自につけたものです。

◎ノーベル経済学賞の正式名称は「アルフレッド・ノーベル記念経済学スウェーデン国立銀行賞」ですが、本書では通称に従っています。

# ダニエル・カーネマン
# 心理と経済を語る

2011年3月18日 第1刷
2012年3月27日 第3刷

［著　者］ダニエル・カーネマン
［監訳者］友野典男
［訳　者］山内あゆ子
［発行所］株式会社 楽工社
〒160-0023
東京都新宿区西新宿 7-22-39-401
電話 03-5338-6331
WEB http://www.rakkousha.co.jp/
［印刷・製本］大日本印刷株式会社
［装　幀］水戸部 功
［図表作成］ユニオンワークス
ISBN978-4-903063-48-5